묻고, 묻지 못한 이야기

묻고, 묻지 못한 이야기

:: 담벼락에 묻힌 5월 광주 ::

문선희 찍고 엮음

ㄴㄴ ㄷㄴ

목차

이 작업은 기록이 아닌, 기억에 관한 것이다

5·18 이야기가 나오면 으레 "광주 사람이니 잘 아시겠죠"라는 말이 붙는다. 그럴 때면 나는 "그때 저 죽을 뻔했어요"라고 농담처럼 답하곤 했다.

당시에도 나는 무등산 자락에서 살았다. 광주 시내가 봉쇄되는 바람에 우리는 우리대로 고립된 처지였다. 18개월 된 아기였던 나는 홍역에 걸렸고, 시내에 있는 병원에 가지 못해 죽을 고비를 겪었다고 한다. 물론, 기억이 나지 않는다.

"그때 나 초등학교에 입학했잖아." 언니는 여덟 살의 얼굴을 하고 있었다. 언니의 입술에서 흘러나오는 어쩌면 특별할 것도 없는 기억이 긴 바늘이 되어 푹, 하고 나를 찔렀다.

그때 국민학생이었던 언니와 오빠들은 지금 초등학생 아이들을 키우고 있다.

이것은 5월 광주에 관한 작업이다. 그러나 이것은 정치적이거나 역사적인 거대 담론에 대한 작업은 아니다.

이 작업을 위해 나는 중심이 아닌, 주변의 기억을 수집하기로 했다. 대상은 마흔을 갓 넘은 이들로, 당시 초등학생의 나이로 한정했다. 2년에 걸쳐 해당 연령의 사람들을 찾아다녔고, 어렵사리 그중 80명을 인터뷰할 수 있었다. 30년이 더 지난 일이다. 어떤 기억은 흐릿해졌고 어떤 기억은 덧대고 기워졌다. 그럼에도 불구하고 강렬하게 남아 있는 어떤 인상들은 어제의 것처럼 생생했다.

그들의 기억은 어린아이들의 불완전한 기억으로 치부될 수 있다. 그러나 그들은 비록 어렸지만, 5·18에 대해 듣거나 읽은 게 아니라 직접 보고 겪었다. 그러니 아이들의 기억이 전부는 아니더라도 중요한 한 부분을 보여줄 수는 있다고 생각한다.

특별히 내가 어린이들에게 주목한 이유는 그들은 현장에 있었지만 누구도 도덕적인 책

임을 물을 수 없는 존재라는 점 때문이었다. 그들의 증언 속에는 당시 시민들의 용기와 희생 같은 숭고한 꽃들뿐만 아니라 혼란, 불안, 공포, 분노 같은 지극히 인간적인 감정들까지 여과 없이 드러났다. 인터뷰를 하는 동안 나는 증언 사이사이에 묻어난 그들의 철없는 아이다움에 한량없이 고마웠고, 그들의 이상하고 섬뜩한 어린 날의 파편에 속절없이 아파했다.

나는 여전히 잘 모른다. 이 비극의 깊이가 얼마나 깊은지, 이 진실의 무게가 얼마나 무거운지를. 게다가 경험은 철저히 개인적인 것이 아닌가? 아무리 노력한다 해도 타인의 경험을 완전히 이해할 순 없다. 그러니 완전히 전달할 수도 없을 터다. 그래서 노력했다.

나는 그들이 살았던 골목골목을 걷고 또 걸었다. 사라진 집들만큼이나 남아 있는 집들도 많았다. 그 엄혹한 열흘 밤낮 동안 누군가의 가족을 오롯이 품었을 집들, 오랜 시간을 견뎌내 저마다의 고유한 역사를 지닌 벽들. 시나브로 하나하나의 기억들이 내 안에서 용해되고 발효되었다. 그러자 골목 안의 벽들이 나에게 말을 걸어오기 시작했다.

모자란 작업을 위해 기꺼이 기억을 꺼내주신 모든 분들에게 머리 숙여 감사드린다.

2016년 5월

문선희

|사|광주학교
www.gjschool.org

이 책은 일부 광주학교의 후원을 받아 제작되었습니다.

1. 이 책은 5·18 당시 초등학생이었던 이들 80명의 구술을 토대로 이루어진 작업이다. 정치적이라기보다

정서적인 기억들이기에 특정한 관점으로 구조화시키지 않고, 인터뷰한 순서 그대로 배열하였다. 인터뷰

에 응해주신 분들의 기억을 최대한 존중한다는 의미에서, 구술 내용에 다소간의 불일치가 있더라도 그대

로 수록하였다. 직접 이야기를 듣는 느낌을 살리기 위해 별도의 주석을 달지 않았다. 다만 이해를 돕기 위

해 5·18 상황 일지를 뒤편에 수록했다.

2. 사진 촬영은 당시 아이들이 살았던 동네에서 이루어졌다. 촬영 대상이 된 벽들은 당시에도 있었던 집

의 일부분이다.

3. 사진의 제목으로 쓰인 문구는 대부분 구술 내용에서 영감을 얻은 것이다.

〈쉿!〉, 30×45cm, 피그먼트 프린트, 2014

최지연

(1980년, 8세)

그때 계림초등학교에 다녔는데, 학교 입학하고 얼마 안 됐을 때예요.

그날 할머니가 밖이 너무 시끄럽고 데모대들도 많으니까, 나를 학교로 데리러 오셨어요. 뭔가 분위기가 안 좋으니까 걱정이 되셨던 모양이에요. 할머니 손을 잡고 집으로 가면서 본 데모대의 모습이 아직도 생생해요. 무슨 일이 생길 것만 같아서 무서웠거든요. 깃발을 들고 우르르 대학생들, 젊은 사람들이 뛰어가던 모습이 5·18 관련 영상들을 볼 때면 항상 오버랩이 돼서 떠올라요.

가장 심각했던 기억은 엄마에 관한 거예요. 엄마는 독실한 불교 신자셨어요. 석가탄신일이라고, 상황을 대충 아시면서도 절에 가셨어요. 그래서 식구들이 모두 엄청 걱정을 하고 기다렸어요. 엄마가 어두워질 때까지 돌아오시지 않아서 분위기가 정말 심각했어요. 그때는 사람들이 나가서 많이들 죽고 했으니까요. 당시에 우리는 주택에 살았었는데 어두워지니까 다른 식구들은 모두 집에 들어가게 하시고, 아빠가 혼자 2층에 올라가셔서 내내 엄마를 기다리셨어요. 엄마는 밤이 되어서야 돌아오셨어요. 기적처럼 무사히 돌아오셨는데 정작 본인은 별로 무섭지 않았다고 하셨어요. 지금 생각해보면 엄청 심각한 상황이었는데 말이에요.

02

김은영

(1980년, 8세)

옛날 터미널 근처에 살았어요. 지금으로 치면 롯데백화점 근처요. 북동성당 뒤편에 살았으니까.

집에서 혼자 텔레비전을 보고 있었는데, 갑자기 문 여는 소리가 확, 나더니 타다닥, 하고 집으로 들어오는 발소리가 났어요. 거실로 나가보니 군복을 입은 아저씨들이 집안으로 잔뜩 들어왔더라고요. 군인 아저씨들이 나한테 겁을 주거나 하진 않았어요. 그저 조용히 하라고만 했어요. "쉿!" 이렇게. 나쁜 사람들이라는 느낌보다 그 사람들도 다급해 보였어요. 그래서 나는 가만히 있었어요. 누구를 찾는 것처럼 급하게 집안을 샅샅이 뒤지더니 다시 우르르 나갔어요. 그때 나는 총을 든 군인들을 처음 봤어요. 그 사람들이 무섭기보다는 군복이랑 총을 보니까 전쟁이 날 것 같아서 그게 무서웠던 것 같아요.

〈간첩〉, 30×45cm, 피그먼트 프린트, 2015

조승기

(1980년, 10세)

우리 형이 중학생이었는데 일주일 동안 집에 안 들어왔어요. 형이 원래 말썽쟁이였는데, 일주일이나 집에 안 들어오니까 완전히 초상집 분위기였죠. 틈날 때마다 형을 찾으러 다녔어요. 아주 위험한 시간에는 못 움직이고요, 군인들에 비해 시민들이 더 많다거나 할 때요. 언젠지는 모르겠지만 잠깐 공수부대가 물러난 적이 있었어요. 잠깐. 29일 이전에 한 번 좀 평화로웠을 때. 그때 도청 앞으로 찾으러 갔는데 형이 거기서 일을 하고 있더라고요. 당시에는 언론이 끊겨 있으니까 함평, 나주 이런 데 시민군들 차를 타고 다니면서 찌라시 같은 걸 뿌리는 역할을 형이 하고 있었어요. 형은 사상이나 이런 것 때문이라기보다, 그냥 다니다 보니까 재밌고, 중학생 정도의 의협심 때문에 참여했던 것 같아요. 아버지가 형을 끌고 왔죠. 그리고 나서 하루이틀 지나고 나서 공수부대가 다시 돌아왔어요.

형이 없어졌지만 그때 나는 그렇게 심각한 상황이라고는 생각을 안 했어요. 사람이 죽기도 했지만 그때는 유언비어도 심했거든요. 예를 들어 시민군 중에 유명한 사람들이 있었어요. 연설을 잘한다든지 아주 구슬프게 방송을 하는 사람. 영화에서 마지막에 방송하던 그 여자처럼요. 누군지는 몰라도 사람들이 그 사람의 목소리나 감정들을 기억하고 있었는데 다음날 헬기에서 뿌려대는 찌라시에는 그 사람들이 간첩이라고 쓰여 있었어요. 그럼 사람들은 잘 모르니까 "그 사람이 간첩이었대"라며 혼란스러워했어요. 언론이고 뭐고 다 차단되어 있었으니까 무지했죠. 그저 '간첩이구나!' 하고 생각했어요. 그러면서도 어른들은 심적으로는 동지라는 의식이 있었던 것 같아요. 동네 아주머니들이 너 나 할 것 없이 뭘 만들어서 그 사람들이 오면 펴주고 작은 상점을 하던 분들은 음료수 같은 걸 올려주었으니까요.

27일 날인가 계엄군이 들어오기 전 밤에 그 여자가 돌아다니면서 울면서 했던 방송이 아직도 기억나요. 오늘 새벽에 누가 들어온다는 내용이었는데, 무서웠어요.

당시에 월산동에 살았었는데 밤이 되면 총소리가 엄청 크게 들렸어요. 낮에는 총소리가 그렇게 안 들렸는데 밤에 어두워지면 소리가 크게 났어요. 그때는 다른 소음들이 없으니까 소리가 엄청 가깝게 들렸어요. 총소리가 나면 사람들은 수군수군 광주 공원에서 나는 소리라고 했어요. 광주 공원 오르막길이 서로 뺏고 빼앗기는 자리라고요.

돌고개의 큰길가로 나가면 사람들이 길거리에 많이 나와 있었어요. 트럭에 죽은 시체들을 가마니로 덮어서 태우고 다녔어요. 앞이 긴 옛날식 트럭인데 거기에 시체가 실려 있었어요. 트럭은 천천히 지나가면서 방송을 했고 우리는 그걸 봤죠.

또 시민군들이 탄 버스에 '전두환 타도' 같은 문구들이 쓰여 있었고, 그런 차들이 지나가면 우리가 박수를 쳤어요. 축제 아닌 축제 분위기였어요. 잔치 때처럼 온 동네에 음식 냄새가 나고 사람들이 여기저기 모여 있고요.

동네 아주머니들이 준비한 김밥이나 주먹밥이나 물 같은 걸 시민군들의 차에 올려주면, 시민군들은 다른 마을에서 받았던 빵, 콜라, 사이다 이런 것들을 다시 우리에게 내려줬어요. 밥이나 물은 가져가고, 빵이나 콜라 같은 것들은 다 내려주고 가서 어린 마음에 '이런 건 안 좋아하는구나!' 하고 생각했어요.

이정록

(1980년, 10세)

학교에 안 갔어요. 그땐 이유는 전혀 몰랐죠. 무슨 일이 일어나고 있는지. 사람이 죽거나 다쳤다는 것도 전혀 몰랐어요. 무슨 이유인지 이야기도 안 해주고 그저 학교에 오지 말라고 만 했어요. 그러니 얼마나 신났겠어요. 학교에 안 가니까요.

집에서 빈둥거리며 놀고 있었는데 밖에서 이상한 소리가 났어요. 뛰어나가보니까 탱크 가 지나가고 있더라고요. 박물관에 있는 정지된 탱크가 아니라 진짜 탱크가 몇 대나 지나가 는 거예요. 신나서 탱크를 쫓아갔어요. 탱크를 실제로 본 게 처음이었거든요.

그때 동운동에서 살았는데 거기가 서울로 연결되는 1번 국도가 지나는 동네였어요. 그래 서 그쪽으로 왔던 것 같아요. 동운동이 북쪽에서 광주로 들어오는 관문이었으니까. 아마도 탱크만 지나가진 않았겠죠. 기억은 잘 나지 않지만 생각해보면 탱크도 지나가고, 군인들이 탄 트럭도 지나가고, 장교들이 탄 지프차도 지나가지 않았겠어요? 그런데 내 기억에는 탱크 만 있어요. 뭐라고 하죠? 캐터필러? 그게 움직이는 걸 처음 보고 신기해서 막 쫓아갔던 기억 이 있어요.

그리고 얼마 후에 동운 고가도로에서 버스가 불타고 있는 걸 봤어요. 우리집에서 동운 고 가가 보였거든요. 시커먼 연기가 솟아올라오는 걸 보고나서야 '뭔가 안 좋은 일이 생겼구 나!' 하고 생각했죠.

김용태

(1980년, 9세)

저녁에 시내(금남로)에 가서 화염병 던지는 것을 구경했어요. 타이어를 불태우는 것도 구경하고. 도청 앞에서 죽은 사람들을 하얀 천으로 덮어놓고 가족들이 얼굴 확인하는 것도 봤고요.

사실 제 느낌으로는 그때 축제 같았어요. 데모가 뭔지도 몰랐고 저녁이 되면 불빛이 날아다니고 하니까 마냥 신기했어요. 싸우고 그런 느낌이 아니라 그냥 불구경하는 느낌이었거든요.

그런데 사람들을 죽이고 한다니까 동네 사람들이 피난을 가기 시작했어요. 그때 형들은 집에 남고, 막내인 저랑 누나만 피난을 갔어요. 광주에서 빠져나가는 찻길도 차를 뒤집어서 다 막았다고 해서 동네 사람들이랑 같이 길게 손잡고 걸어서 화순으로 피난을 갔어요. 화순 고모 집으로요.

〈퍽!〉, 30×45cm, 피그먼트 프린트, 2015

정제호

(1980년, 8세)

그때 살던 곳이 화정동이었는데 최전방이라고 보시면 돼요. 송정리에서 광주 들어오는 길목이었고, 그 위쪽으로는 군인들이 있었어요.

가장 기억에 남는 건 큰 원목을 실은 차예요. 사람들이 큰 원목을 실은 차를 세웠어요. 달리는 차를 세웠는데, 사실 달리는 차라고 해봤자 당시에는 별로 속도가 안 났어요. 사람들이 차를 세우고 운전사에게 "내려! 내려!" 했는데 운전사가 안 내렸어요. 그러니까 어떤 사람이 병을 던졌는데 차 유리창이 안 깨지고 병이 팍 튀더라고요. 유리병을 던져도 자동차 유리가 안 깨지는 걸 보고, '자동차 유리창은 진짜 단단하구나!' 생각했죠. 한 세 번 정도 더 던지니까 그제야 자동차 유리창이 깨지더라고요. 얼굴이 피투성이가 된 운전사가 차에서 내렸어요. 그리고 시민군이 차에 올라타서 차를 이리저리 왔다갔다하니까 원목이 도로로 확 쏟아졌어요. 굉장히 큰 원목이었어요. 정말 너무 커서 깜짝 놀랐어요. 그렇게 큰 나무를 난생처음 봤거든요. 하여튼 나무들이 쏟아지니까 시민군들이 그 원목으로 바리케이드를 치더라고요. 운전사는 누가 데리고 갔어요. 뭔가 강제로 끌고 가는 그런 분위기는 아니었고 다쳤으니까 누군가 데리고 가는 분위기였어요. 차를 빼앗았지만 범죄 같거나 하는 분위기는 아니었어요.

그리고 하나 더 기억나는 게 사과탄이라고 해서 던지는 최루탄이 있었어요. 군인들이 쓰는. 그때는 그게 뭔지 몰랐죠. 아마도 불발탄이었던 모양인데, 애들이 흔들면 재채기가 나오는 요술공이라고 하면서 가지고 다녔어요. 그러다 잘못 터져서 눈물바다가 되기도 했고요.

김용선

(1980년, 12세)

시체들을 많이 봤어요. 소방차 뒤에 시체를 실어가지고 왔다갔다하는 걸요.

그리고 옆집 살던 아저씨가 군대에서 기관총 사수였던가봐요. 트럭 위에 담요를 깔고 시민군들에게 총을 쏘는 방법을 알려주셨어요. 증심사 올라가는 다리에서요. 평화맨션 앞 소태동 다리였어요.

밤에는 총소리가 엄청 났어요. 그래서 잘 때 두꺼운 솜이불을 덮고 잤어요. 아침에 일어나서 나가보면 총알들이 많이 떨어져 있었고요. 탄피 가지고 친구들이랑 따먹기 놀이도 많이 했어요. 그때는 길에 분해된 총기들도 많이 버려져 있었어요.

설월여고 자리가 원래 밤나무숲이었는데 거기서 시내가 잘 보이니까 교전하려고 수류탄 찬 사람들이 많이 오르내렸어요.

또 한번은 삼립 빵 차가 길을 지나가고 있었는데 시민군들이 협조 좀 하라고 빵 차를 세워가지고 사람들에게 빵은 나눠주고, 그 차를 가져갔어요.

사람들이 버스에서 "전두환 물러가라, 물러가라" 노랫소리를 했고, 어디선가 "간첩이 나타났다!"고 소리가 들리면 동네 아이들이랑 막 쫓아다니기도 했어요.

어느 날은 옥상에서 놀고 있었는데 헬기가 갑자기 문을 열고 우리 쪽으로 기관총을 쐈어요. 무서워서 얼른 엎드렸는데 형이 공포탄이라고 내려오라고 하더라고요.

그리고 아침에 형이 세수를 하는데 갑자기 '빡' 소리가 났어요. 보니까 밖에서 날아든 총알이 벽에 박혀 있었어요. 형이 고개를 숙이고 있어서 망정이지 고개를 들고 있었으면 형 머리에 맞을 뻔했어요. 그때는 정말 깜짝 놀랐죠.

〈피가 모자랍니다〉, 30×45cm, 피그먼트 프린트, 2015

정상욱

(1980년, 13세)

송정리에 살았어요. 기억나는 건 금호타이어 공장에서 타이어를 엄청나게 태웠던 거랑 우유를 나눠줘서 먹었던 게 전부예요.

그때 저는 송정리역까지 가려면 30분이나 걸어나와야 하는 변두리 동네에서 살았어요. 그래서 무섭다거나 그런 건 없었어요. 그저 송정리역 앞에서 우유를 나눠준다고 하니까 아이들이랑 같이 거기로 걸어가다가 우연히 타이어가 불타는 광경을 본 것뿐이에요. 줄을 서서 우유를 받은 건 아니었고 트럭에서 우유를 쏟아놓고 가면 그걸 주웠어요. 우유는 맛있었어요.

정광훈

(1980년, 13세)

용봉동에 살았어요. 전대 정문 앞쪽에요. 집 담장 너머로 대학생인지 일반인인지는 모르겠지만 젊은 사람이 곤봉으로 맞는 장면을 봤어요.

철길 옆에 살았는데, 철길 위에 있던 돌들이 도로에 다 쏟아져나와 있었어요. 그 앞에 파출소도 있었는데 거기도 엉망이 되어 있었고, 군용 트럭도 불에 타고 있었어요. 그 냄새가 아직도 기억나요.

전대 정문 쪽이 광주역이랑 가깝잖아요. 당시 사망자들을 광주역에 안치했는데, 소강상태일 때 부모님이랑 거기에 갔어요. 부모님도 상황이 궁금하셔서 나가셨던 모양인데, 시체는 못 보게 하시더라고요.

그때 운암동에 샤니라는 빵공장이 있었는데, 거기서 빵을 가져다가 나눠주곤 했어요. 공장을 강제로 턴 게 아니라 문을 열어준 거였고 거기서 얻은 건 전부 시민들에게 나누어줬어요.

10
장○○

(1980년, 13세)

그때 농성동에 살았고 광천초등학교에 다녔어요. 정말 무서웠어요.

석가탄신일이었는데 절에 간 엄마한테 가겠다고 내가 두 살짜리 동생을 업고 어머니가 다니던 조선대학교 병원 바로 옆에 있는 절까지 걸어갔어요. 10리 길이니까 4킬로가 넘는 길이죠. 어른 걸음으로 한 시간 거리였는데, 당시 6학년이었던 제 걸음으로는 거의 두 시간은 걸렸던 것 같아요. 나이도 어린데다가 동생을 업고 있어서요,

농성동 진흥원 앞에서 닭전머리로 해서 천변을 따라 조선대학교까지 걸어갔어요. 가는 도중에 군인들도 봤고 군용 트럭도 봤어요. 학생들이 군인들에게 돌 던지는 것도 봤고요. 그런 일들이 여기저기서 산발적으로 일어났어요. 무서웠어요. 어린 동생을 업고 있어서 다행히 저에게는 누구도 위협을 가하지 않았지만요.

충장파출소 앞 중앙로 쪽에서 손수레에 시체를 태극기로 싸서 다니는 걸 봤어요. 남광주역 앞에서는 트럭에 시체들을 싣고 다니며 헌혈을 해달라고도 했어요. 피가 부족해서 이렇게 사람들이 죽는다고 하면서요.

시민군들은 버스 유리창을 열고 강목으로 차체를 두드리면서 구호를 외치면서 다녔어요. 어떤 시민군은 앞 유리창이 깨진 부분으로 몸을 내밀고 공중으로 총을 쐈고요. 그 때문인지 길에 총알이 많이 떨어져 있었어요. 탄피가 아니라 진짜 총알이요. 어린 마음에 그 총알들을 주웠는데, 자랑하려고 학교에 가져갔다가 담임 선생님한테 뺏겼죠.

여하튼 온 시내에 최루탄 냄새가 자욱했어요. 최루탄이 바닥에 하얗게 뿌려져 있었고, 우리는 매워서 눈물을 엄청 흘렸어요. 걸어가니까 이것저것 많이 봤죠. 일반 시민군이 교련복을 입은 고등학생에게 총을 쏘는 걸 가르치는 것도 봤어요. 아무리 집에 가라고 해도 학생이 막무가내로 안 간다고 하니까 어쩔 수 없다는 듯이 가르쳐주더라고요.

그리고 그때는 동구청 자리에 전남공고가 있었어요. 거기 정문에서 시민군이 저지선을

만들려고 휘발유를 들고 벽 뒤에 숨어 있었어요. 이미 바리케이드도 쳐져 있었고요. 참, 바리케이드 하니까 생각나는데 우리집이 농촌진흥원 쪽이었는데 농성역 사거리에 군인들이 못 오게끔 바리케이드가 쳐져 있었어요. 두 사람이 팔을 벌려도 둘레를 다 못 잡을 정도로 큰 원목이 저지선으로 쓰였는데, 제재소에서 어떻게 가져왔는지는 모르겠어요. 진짜 큰 나무였는데!

〈아무것도 못 봤어요〉, 30×45cm, 피그먼트 프린트, 2015

소영환

(1980년, 10세)

계엄군들이 들어오니까 시민군들이 아시아자동차 앞이랑 광천파출소 앞쪽에 바리케이드를 쳤어요. 저는 지금으로 하면 대림 e편한 세상 쪽에 살았는데 학교를 가려면 바리케이드 쪽으로 길을 건너야 해서 엄마가 집밖으로 나가지도 못하게 하셨죠.

며칠 뒤에 친구들이랑 엄마 몰래 아시아자동차에 놀러갔더니 시민들이 장갑차랑 군용 트럭을 몰고 나오고 있었어요. 그리고 동네 아저씨들이 시민군들에게 빵과 우유를 줬어요. 그러면 시민군들은 우리한테 다시 그 빵을 나눠줬고요. 아무것도 몰라서 무서운지도 몰랐어요. 그저 시민군들이 "물러가라!" 하고 소리치면 키득키득 웃으면서 "물러가라!" 하고 따라 외쳤지요. 그 당시에는 전두환이 누군지도 몰랐으니까요. 당시에 어른들은 그저 "오메오메" 하기만 했고, 밤에는 일찍 자라고만 하셨어요.

12
나용호

(1980년, 10세)

아시아자동차에서 시민군들이 트럭을 가지고 나왔어요. 총을 들고 광천동파출소 쪽으로 가면서 우리한테 빵을 던져줬고요. 당시에는 먹을 게 귀했는데, 빵을 주니까 마냥 좋았지요. 무서운 줄도 몰랐어요.

저녁에는 총소리가 났고, 그래서 이불로 창문을 막았어요. 총알이 들어올까봐요. 그리고 우리 형이 고등학생이었는데 밖에 나가서 한참을 안 들어와서 어머니가 무척 걱정하시던 게 기억나요.

〈그 눈빛을 나는〉, 30×45cm, 피그먼트 프린트, 2014

강신철

(1980년, 11세)

시민군들이 총 들고 다니는 걸 봤어요. 유리창을 깬 버스에서 시민군들이 몽둥이로 버스 두드리면서 다녔어요. 동네 아주머니들은 주먹밥을 싸서 시민군들 차에 올려줬고요. 저녁 에는 총소리가 들려서 솜이불을 덮고 잤어요.

담양에서 온 중학생 사촌형이 시민군들이랑 어울려 다녔던 거랑, 밤에 빨간 불빛이 날아 다니던 게 기억나요. 꽤 무서웠어요.

문종선

(1980년, 10세)

유동삼거리에 살았어요. 수창초등학교에 다니고 있었는데, 학교 앞 육교 위에 서면 도청까지 한눈에 다 보였어요. 거기서 도청에서 일어나는 일들을 봤어요.

진압군들이 군용 트럭에 사람들을 태우고 갔는데, 곤봉으로 그 사람들을 두들겨 팼어요. 욕도 어마어마하게 했고요. 트럭 안에서 비명 소리도 나고 울음소리도 났어요. 그 트럭은 일부러 천천히 갔어요. 시민들 보라고요. 참여하지 말라고요.

유동삼거리 앞에서 시위자 한 분이 총에 맞는 것도 봤어요. 그 자리에서 돌아가셨어요. 그분은 그때 장갑차 위에 올라가 계셨는데, 탕! 하는 소리가 나더니 사람이 맥없이 떨어지더라고요. 사람이 총에 맞고 쓰러진 걸 봤어도 죽는다는 개념이 없었어요. 나중에 도청에서 손수레에 돌아가신 분들 싣고 다니는 걸 보고서야 실감했죠.

유동삼거리는 바로 시내 인근이어서 진압군들이 경계근무를 섰어요. 집 앞이랑 골목에 진압군으로 온 공수부대원들이 경계근무를 섰는데, 그 사람들한테서 술 냄새가 어마어마하게 났어요. 사람이 잠을 며칠 못 자면 눈이 풀리잖아요. 꼭 그런 상태였어요. 술에 취해서 빨갛게 된 얼굴에 초점이 흐려진 눈과 마주쳤을 때는 정말 무서웠어요. 눈앞에서 사람이 죽었을 때보다 그때가 더 무서웠어요. 초점이 흐려진 그 눈과 마주쳤을 때. 그 눈빛을 잊을 수가 없어요.

〈다 끝난 일〉, 30×45cm, 피그먼트 프린트, 2014

노상수

(1980년, 13세)

아시아자동차에서 문을 개방했어요. 사람들이 죽는다고 하니까 가져가라고요. 장갑차를 어른들이 다 끌고 나왔어요. 버스 같은 것도요. 파출소도 약탈했다 어쨌다 말이 많은데 턴 게 아니라 경찰들이 무기고를 다 열어놓고 나와 있었어요. 동네 슈퍼마켓 하는 사람들도 자기 가게 빵이나 먹을 거를 나눠줬고요. 시민군들이 약탈한 게 아니라 주인들이 배곯지 말라고 준 거예요.

장갑차 위에서 사람들이 총을 들고 다니던 게 기억나요. 그 사람들이 내려서 동네 사람들 모아놓고 "지금 현재 상황이 이렇다. 언론은 거짓말만 하고 있다"라고 연설을 했어요. 그리고 슈퍼마켓에서 준 것들을 연설할 때 우리들에게 다시 나눠줬어요. 자기들이 가져간 게 아니고요.

박종식

(1980년, 11세)

하남에 살았었는데요, 지금으로 보면 하남공단 6번 도로 뒤쪽이에요. 수박 키우는 마을. 우리 마을이 제일 높은 곳에 있었는데, 마을 뒤에 언덕이 있었어요. 거기 묘지가 잔디밭이어서 친구들이랑 거기서 놀곤 했었는데 그 위로 헬기가 지나갔어요. 거기서 보면 광주 시내가 멀리 내다보이는데, 워낙 멀어서 소리는 안 들렸지만 총을 쏘는지 뭔가 불빛이 반짝반짝 하더라고요.

워낙 변두리라 우리 마을까지는 무슨 일이 없었지만, 동네 방위병이던 형님이 하남파출소가 털려서 도망쳐왔다고 하니까 무슨 일이 생겼다는 게 실감이 나더라고요.

그다음날 또 집 뒤에 가서 보니까 그 불빛들이 보였어요. 그리고 학교에 갔는데 선생님이 헬기에서 뿌린 종이를 주워오라고 하셨어요. 그래서 주우러 다녔어요. 그 내용이 뭐였는지는 잘 모르겠어요. 그냥 주워오라고 하셔서 줍기만 했거든요.

최창호

(1980년, 9세)

저는 지산동에 살았어요. 저녁마다 총소리가 엄청나게 들렸어요. 작은할머니가 현대극장 맞은편에서 식당을 하셨거든요. 지금은 그 자리에 철물점이 있어요. 식당 앞에 있던 다리 진입로에 바리케이드가 있었고, 탱크도 세워져 있었어요. 할머니 말씀에 따르면, 낮에는 군인들이 식당에 와서 밥을 먹었고, 저녁에는 할머니가 주먹밥을 만들어서 시민군들에게 주셨다고 해요. 양쪽 모두에게 밥을 주신 거죠. 저는 그 당시에 군인들이 좋은 줄로만 알았어요. 얼마나 반공 수업을 많이 했는데요. 위문편지도 많이 보냈고요. 정말이지 군인들을 좋아했어요. 누군지 모르지만 군인들과 싸우는 상대편이 무조건 나쁘다고만 생각했죠. 어린 나이였으니까. 하루는 할머니 식당 근처에 있는 오락실에 가다가 군용 트럭을 봤어요. 그 트럭 위에서 군인들이 사람들을 개머리판으로 때리고 군홧발로 차더라고요. 그 차 안에는 노인들이나 여자들도 있었어요. 시민군만 잡아간 게 아니라 닥치는 대로 잡아간 거죠. 또 날짜는 정확하게 기억이 안 나지만, 헬기가 삐라를 뿌리던 날이었어요. 제가 오락을 하고 있는데, 오락실 주인이었던 형이 피를 흘리며 들어왔어요. 그리고 하루는 할머니가 갑자기 막 집에 가라고 하셨어요. 그래서 집으로 가는데, 그때는 그 길에 남도극장이 있었어요. 남도극장에서 쭉 올라가다보면 인쇄소 골목이 나오거든요. 그 길을 따라 쭉 가면 지산동까지 곧바로 갈 수 있었어요. 그 길 사거리를 건너가려고 하는데 갑자기 따다다다, 하고 총소리가 나는 거예요. 그러더니 내 옆에 가던 형이 쓰러졌어요. 나는 어떤 사람의 손에 이끌려서 다시 후퇴를 했고요. 총을 맞은 형은 그 자리에서 툭, 쓰러져 죽었어요. 죽은 형은 총을 머리에 맞았는데, 얼굴 절반은 형태가 없었어요. 그 바로 옆에 제가 있었고요. 시간까지 기억나요. 오후 4시 정도였어요. 총소리가 잠잠해지기를 기다렸다가, 수십 분 후에 도망쳤어요. 누구든 무조건 잡아간다고 했으니까요. 혼자 가던 저를 구해준 그 사람들이 저를 집까지 바래다줬어요. 그때가 제가 초등학교 3학년 때예요.

18
박수미

(1980년, 11세)

시민군들을 봤어요. 차를 타고 지나갔는데, 아줌마들이 치약을 줬어요. 우리 엄마도 먹을 것도 주고, 치약도 줬고요. 왜 치약을 줄까 이상했는데 나중에 알고 보니, 눈 밑에 치약을 바르면 최루탄이 덜 맵다고 하더라고요.

그리고 엄마랑 동생이랑 저랑 함께 있었는데, 경찰이 앞에 지나가던 시위대에게 던진 곤봉에 제 동생이 맞았어요. 다행히 많이 다치진 않았어요. 그리고 밤에 총소리 많이 나서 창문을 이불로 덮고 잤어요. 그 정도만 생각나요.

〈학교는 쉽니다〉, 30×45cm, 피그먼트 프린트, 2015

조호성

(1980년, 11세)

당시에 농성초등학교에 다녔어요. 아침에 일어났는데 부모님이 학교에 가지 말라고 하셨어요. 선생님께 그런 이야기를 듣지 못했기 때문에 저는 그래도 학교에 갔어요. 학교에 가는 날이었으니까요. 제 성격상 확인을 해야 했죠. 혼자 학교에 가는데 학교에 가는 사람이 아무도 없더라고요. 도착해보니 교문에 '임시 휴교'라고 붙어 있었어요. 언제까지라는 날짜도 없어서 황당했죠.

그다음날도, 다음날도 계속해서 학교에 안 갔어요. 난데없이 생긴 휴일이었지만 보통의 일요일과는 다른 느낌이었어요. 동네에 아이들도 나오지 않고.

부모님들 분위기는 굉장히 심각했어요. 아버지는 자꾸만 밖에 나가겠다고 하셨고, 어머니는 아버지를 못 나가게 말리셨어요. 그래도 아버지는 결국 나가셨죠. 다녀오셔서 들려주신 이야기가 얼핏 기억나는데, 시민군들이 다 장악했다고 하셨어요. 버스가 정상적으로 안 다닌다고도 하셨고요.

한번은 농성 광장 쪽에서 검은 연기가 피어오르는 것을 봤어요. 그다음날 가봤더니 버스가 넘어져 있고, 타이어가 불타고 있었어요.

어머니가 솜이불을 꺼내서 벽을 다 덮으셨어요. 그리고 창문 바로 아래쪽에서 가족들이 다 같이 모여서 잤어요. 총알이 들어올지도 모르니까 창문 바짝 아래서 잔 거죠. 밤에 총소리가 많이 났거든요. 그때 양옥집 2층에 살았는데 화장실이 1층에 있었어요. 화장실에 가려면 밖에 있는 계단으로 내려가야 했는데, 밤에 화장실 갈 때 보면 빨간 불빛이 하늘을 가로질러 날아가는 것이 보였어요. 그 빨간 불빛이 인상적이었죠. 당시엔 어렸으니까 불꽃놀이 같기도 하고.

윤일선

(1980년, 11세)

아버지 자전거 뒤에 타서 양동시장에 갔어요. 그때는 아버지도 그렇게 위험할 거라고는 생각하지 못하셨던 것 같아요. 아버지는 그때 공직에 계셨는데, 그 때문에 많이 자제하고 계셨달까? 잘못하면 큰일난다고들 했으니까요. 어쨌든 많이 궁금하셨는지 나가보신다고 하셨고, 내가 절대 안 된다는 것을 억지로 따라갔어요.

양동시장 상인들이 먹을 것을 준비하고 분주하게 이것저것 나르고 있었어요. 시장에 가는데 거리가 많이 훼손되어 있어서 무서웠어요.

그리고 밤에 집에 있으면 총성이 들렸어요. 또 군인들이 단체로 움직이는 소리랄까? 그런 소리도 들렸고요. 밤에는 아예 어딜 나가지도 못했어요. 집에서도 다들 불안해하셨고요. 언론을 통해 뭔가를 좀 알고 싶어했는데, 아예 그런 건 볼 수도 없었어요. 그저 어른들의 입에서 입으로 "누가 죽었다더라" "피바다다" "그러니 시내 쪽으로는 절대 가지 마라" 그런 이야기들을 전해 들었죠.

〈오메오메〉, 30×45cm, 피그먼트 프린트, 2014

21
정지선

(1980년, 11세)

서울에 계신 할머니, 할아버지가 뭔가 불길한 일이 일어난 걸 직감하시고 우리를 서울로 데리고 가려고 하셨는데, 아마도 그게 불가능했던 모양이에요. 광주에 들어오는 것도 나가는 것도 안 됐던 거죠. 그래서 우리가 고립됐다는 것을 알았어요.

월산동 주택에 살았는데 학생이었는지 시민군이었는지는 잘 모르겠지만, 머리 한가운데에 고속도로를 낸 것처럼 이상하게 깎인 사람들이 집으로 다급하게 들어왔어요. 잠깐만 숨겨달라고요. 그 기억이 생생해요.

그리고 지금은 용달차 같은 것들이 뒤가 막혀 있잖아요. 그때는 트럭 뒤가 약간 격자무늬처럼 오픈이 되어 있었는데, 그 차에 머리에 띠를 두른 시민군들이 타고 있었어요. 그 트럭이 오면 우리 엄마도 뭔가 먹을 것을 만들어서 몇 번이나 나가셨어요.

김건

(1980년, 11세)

그때 농성초등학교에 다녔는데요, 학교 앞 도로로 군대가 지나갔어요. 군용 트럭 같은 걸 타고요. 그때 어른들이 길가에 서서 만세를 불렀어요. 그랬는데 군인들이 다 지나가고 나니까 나중에 몇 분이 욕을 하더라고요.

그런데 시민군이 그 길을 또 지나갔어요. 전후 관계는 좀 헷갈려요. 누가 먼저 지나갔는지. 하여튼 또 시민군이 지나가니까 어른들은 만세를 불렀어요. 그리고 또 어떤 사람들이 시민군들이 다 지나 간 뒤에 욕을 했어요.

어린 마음에 그게 정말 이상했어요.

그리고 전남대 다니던 사촌 형이 우리집에 살았었는데 집에 못 들어왔어요. 5·18 기간 내내요. 그때는 전화기도 없었으니까 난리가 났죠. 나중에 알고 보니까 나주였던가? 저 밑에 어디까지 멀리 도망갔었다고 하더라고요.

박지민

(1980년, 8세)

도로에 닭장차가 있었는데 그 안에 전경들이 있었는지 없었는지는 모르겠어요. 아마 없었던 것 같아요. 그렇게 심하게 흔들렸던 걸 보면. 어쨌든 동네 주민들이 버스를 에워싸고 "으싸으싸" 하면서, 좌우로 버스를 흔들었어요. 정확하게 차가 뒤집혔는지까지는 잘 모르겠어요. 기억이 없어요.

그리고 뒤가 뻥 뚫린 트럭에 탄 시민군들이 무기 같은 것을 들고 머리에는 하얀 띠를 두르고 "전두환은 물러가라, 물러가라"라고 노래를 부르면서 지나가면 동네 사람들이 모두 길가에 나와서 박수를 쳤어요. 그리고 슈퍼 아줌마랑 동네 아줌마들이 모여가지고 치약 같은 걸 트럭에 던져줬고요.

한번은 집에 있다가 동네 사람들이 선부 불구경을 나갔어요. MBC에 불이 났는데, 불이 너무 크게 나서 아주 멀리에서도 환하게 보였어요. 하늘이 온통 빨갈 정도로 큰 불길이었어요. 엄마랑 동네 사람들이 "오메오메, 세상에 어쩌면 좋아!" 그렇게 탄식하면서 걱정스러운 얼굴을 하셨어요.

24

김원

(1980년, 11세)

풍향동에서 살았는데요, 그 앞에 바로 동신고, 동신전문대가 있었어요. 우리 마을 언덕에서 보면 학교가 다 보였는데, 낮에 학교에서 총소리가 나고, 유리창이 깨졌어요.

그리고 6번 버스를 타고 도청에 갔었는데 거기서 탱크랑 군인들을 봤어요. 그게 기억의 전부예요. 당시에는 부모님이 아무데도 못 나가게 하셨거든요.

〈내가 봤어〉, 30×45cm, 피그먼트 프린트, 2014

홍성호

(1980년, 12세)

우리집이 무진중학교에서 대성초등학교로 가는 사거리 중간쯤이었어요. 아시아자동차에서 나온 차들이 모두 우리집 앞으로 지나갔어요. 그중에는 장갑차도 있었고요.

죽은 사람들을 태극기에 싸서 다니는 것을 봤지만 무섭다는 생각은 안 들었어요. 죽는다는 것에 대한 개념이 없었으니까. 시민군들이 집 앞에서 칼빈 총을 세워놓고 쉬고 있으면, 친구들이랑 가서 총을 만져보기도 했어요. 어린 마음에 그저 신기했죠. 또 시민군들이 트럭이나 버스 같은 것을 타고 와서 빵이나 먹을 걸 나눠주면 그거 먹고, 친구들이랑 공사장에서 크고 두꺼운 철근 같은 걸 주워서 시민군들 트럭에 실어주기도 했어요. 그걸로 싸우시라고요.

그 밖에 특별히 기억나는 건 없고, 어떤 시민군이 이유 없이 공포탄을 하늘에 내고 마구 쏘니까, 다른 시민군들이 그 사람을 제지하던 광경 정도가 기억나네요.

26
정재운

(1980년, 12세)

그때 효동초등학교를 다녔는데, 바로 학교 앞에 살았어요. 학교 강당이 막 지어졌었는데, 어느 날 보니 강당 위에 계엄군들이 기관총을 설치했더라고요. 당시에는 높은 건물이 많이 없었어요. 그래서 계엄군들이 동네에 있는 학교에 주둔했었어요. 학교가 쉬었지만, 친구들이랑 학교에서 놀곤 했는데, 오후 5시쯤 되면 계엄군들이 갑자기 엄한 얼굴을 하고 집에 들어가라고 했어요.

어느 날 그 자리에 있던 계엄군들이 사라지고, 시민군들이 군용차를 타고 다니면서 빵을 나눠주기 시작했어요. 우린 어리니까 쫓아다니면서 빵도 받고, 슬리퍼나 운동화 같은 것들도 받았어요. 우리 엄마는 동네 아주머니들이랑 김치도 담가서 줬고요.

우리집 바로 옆에는 벽돌 공장이 있었는데, 거기 사장님이 시민군들한테 벽돌을 다 내줬어요. 그리고 또다른 우리 옆집 아저씨는 자기 지프차를 줬고요.

어느 날 친구들이 탱크가 온다고 해서 서방시장까지 가서 탱크를 구경했던 것도 기억나요. 그리고 밤에는 총알이 날아다니는 게 보이니까 혹시 총에 맞을까봐 온 식구들이 두꺼운 솜이불을 머리끝까지 덮고 잤던 것도요. 5월인데 말이에요!

〈두근두근〉, 30×45cm, 피그먼트 프린트, 2015

이장곤

(1980년, 10세)

서석초등학교를 다니고 있었어요. 학교에서 공부를 하고 있었는데 선생님이 갑자기 모두 집으로 가라고 하셨어요. 그날은 비가 부슬부슬 내렸어요. 학교 정문으로 나와보니 군인들이 총을 들고 서 있더라고요.

그때는 동명여중이 동명동에 있었는데, 그 학교 옆에 기찻길이 있었거든요. 거기서 헬기에서 뿌린 삐라를 주우러 다녔어요. 그 삐라의 내용은 뭐였는지 모르겠어요. 근데 정부에서 뿌린 건 아닌 것도 같아요. 그러니까 그걸 막 뺏으러 다녔겠죠? 헬기에서 뿌린 삐라를 우리가 주워가지고 다니면 그걸 싹 걷어갔거든요.

그리고 밤에는 총소리가 엄청나게 들렸어요. 그래서 창문으로 총알이 들어올까봐 두꺼운 이불을 둘러쓰고 잤어요. 그리고 모든 세 끝나고 노청에 샀을 때는 거기서 탱크를 봤고요.

28

이승희

(1980년, 10세)

다락방에서 이불 뒤집어쓰고 있던 기억, 그게 전부예요.

학교를 안 갔고, 무서워서 다락방에 숨어서 이불을 뒤집어쓰고 있었어요. 그때 서석동에 살았는데, 조대 정문에서 전대병원 쪽으로 가는 일방로에 있는 주택이었어요. 조대하고 무척 가까워서 정말 무서웠어요. 아마도 소리 때문에 겁에 질렸던 것 같아요. 정확히 어떤 소리였는지는 기억이 안 나지만요. 진짜 무서워서 떨었던 그 감정만 고스란히 남아 있어요.

박현민

(1980년, 10세)

지금도 친정집은 조대 정문에서 전대병원으로 가는 일방로에 있어요. 거기가 조대에서 가깝잖아요. 제 기억에는 탕, 탕, 탕 소리를 저녁때마다 들은 것 같아요. 총소리요. 그게 왜 더 무서웠냐면 원래는 우리집이 골목에서 두번째 집이었는데, 하필 우리 앞집이 공사를 한 다고 다 헐린 상태여서 도로변에서 우리집이 첫번째 집이 됐거든요. 그래서 더 무서웠죠.

우리집과 도청은 무척 가까웠어요. 엄마를 따라서 도청 앞 분수대에 간 적이 있었는데 사람이 엄청나게 많았어요. 시체 같은 것은 보지 못했어요. 그저 엄청나게 많은 사람들을 봤어요. 사람들이 많이 모여 있는데 행복하거나 그런 느낌이 아니라 무언가 우울하고 무서운 느낌이었어요. 그런데 갑자기 모여 있던 사람들이 순식간에 흩어지더라고요. 무슨 이유였는지는 모르겠어요. 저도 엄마랑 손잡고 집으로 막 뛰어왔어요. '이게 뭐지? 무슨 일이지?' 그런 생각을 했어요. 그때는 정말 뭐가 뭔지 몰랐으니까요.

그리고 누가 2층에서 내다보다가 우연히 총에 맞고 죽었다는 소문을 들었는데 그때 전 어렸으니까 죽는다는 거나, 총이나, 군인에 대한 느낌보다 '뭐지? 전쟁이 나는 걸까? 학교는 언제까지 안 가는 거지?' 그런 생각들 때문에 그저 막연히 두려웠던 것 같아요.

30

나상선

(1980년, 10세)

우리집은 양영학원 옆에서 장사를 했는데요. 지금은 국립아시아문화전당 부지로 들어가서 없어져버렸어요. 당시에는 우리집 건너편에 노동청이 있었어요. 첫날이었던 것 같은데 노동청이 불타는 걸 봤어요. 사람들이 웅성웅성하니까 어머니가 가게 문을 닫고 밖에 나가지 말라고 하셔서 집안에 있었는데, 밖에서 소리가 나서 내다보니까 아마도 대학생이랑 일반 시민들이었던 것 같았는데, 그 사람들이 정문으로 들어가더라고요. 그리고 조금 있으니까 한쪽에서부터 불길이 올라왔어요.

지금은 셔터를 많이 쓰는데, 그때 가게들은 여닫이 양철 문을 많이 썼어요. 그 문은 틈이 있어요. 며칠 동안 집안에만 있으니까 답답해서 그 틈으로 밖을 자주 내다봤어요. 군인들이 탄 장갑차가 도청 쪽에서 조대 쪽으로 올라가는 걸 봤는데, 한 시간 정도 있었나? 학생들이 그걸 뺏어가지고 다시 타고 내려오더라고요.

또 기억이 나는 건 시민군들이 소방차를 타고 학동 쪽으로 가는데 소방차에 학생들이 많이 매달려 있었거든요. 근데 그중 학생 한 명이 소방차에서 떨어진 거예요. 아버지랑 동네 어르신들이 제일 가까운 우리집으로 데리고 와서 치료를 해줬어요.

그때는 밤마다 사복 입은 형사들이 의심이 되는 사람들을 찾으러 다녔거든요. 형사들이 누구를 찾아다녔는지는 모르지만 당시에는 통금이 있었으니까 밤에는 일반 사람들은 안 돌아다녔어요. 형사들만 플래시를 들고 다녔죠. 새벽까지 다친 형이 우리집에 있었기 때문에 형사들이 지나가면 우리집에 모인 아저씨들이 조용히 하라고 "쉿!" 했던 게 기억이 나요.

〈군인은 원래 우리 편인데〉, 30×45cm, 피그먼트 프린트, 2015

정재명

(1980년, 10세)

동명동에 살았는데 그때 철길이 있었어요. 지금으로 말하면 도내기시장인데, 그 사이에
요. 그 철길에서 군인들이 보초를 서고 있었어요. 그때 난생처음으로 가까이서 군인들을 보
니까 신기해서 가서 수통도 만져보고 총도 만져보고 했어요. 그러면서 건빵도 얻어먹고요.
그때는 군인들이 참 좋았어요.

농장다리에서 장동로터리 가는 길 중간에 보면 골목길이 있어요. 외고모할머니가 거기
에 사셨어요. 학교에 안 가니까 하루는 할머니 댁으로 놀러갔어요. 할머니 댁에서 놀다가
문을 열고 나가려는데 총소리가 탕! 하고 나는 거예요. 그리고 나서 아랫집에서 학생들이
막 뛰쳐나왔어요. 문으로 나왔는지 담을 넘어 나왔는지는 모르겠는데 여하튼 학생들이 길
가로 나오고 다시 탕! 소리가 나니까 어떤 학생 한 명이 그 자리에서 꽉 꼬꾸라지더라고요.
그리고 바로 옆에 있던 학생 하나가 쓰러진 학생을 부축하려는데 다시 탕! 소리가 나더니,
그 학생도 쓰러졌어요. 두 명이 꼬꾸라지고 바로 공수부대원들이 뛰어왔어요. 공수부대원
들이 발로 쓰러진 학생을 툭툭 건들면서 살았는지 확인을 했어요. 그때 할머니가 저를 집안
으로 끌어당기셨어요. 그 장면을 목격하고 저는 진짜 놀랐어요. '어? 군인은 원래 우리 편
인데?' 좋은 사람인 줄로만 알았던 군인들이 무서운 사람들이라는 생각이 들었어요.

조대 정문 쪽에서 시민들이 데모를 했어요. 시민들이 군인들에게 막 돌을 던졌고요. 그래
서 저도 같이 던졌어요. 학교에서 배울 때는 군인은 우리나라를 지켜주는 좋은 사람이었는
데 할머니 댁 앞에서 그 장면을 목격하고는 그게 아니라는 생각이 들었거든요. 그날 집에
가서 엄마한테 엄청 혼났죠. 하나밖에 없는 아들이 총 맞고 죽으면 어쩌려고 그런 짓을 했
느냐고요.

그리고 큰 외숙을 따라서 도청 앞 상무관에 간 적도 있어요. 거기서 관을 봤어요. 처음에
딱 들어가니까 향냄새도 나고 다른 냄새도 났어요. 근데 들어가는 과정에서 제지를 당했어

요. 어리다고요. 그래서 외숙이 나가 있으라고 하셨죠. 제지당했지만 잠깐 들어갔을 때 다 봤죠. 관이 쭉 놓여 있는 거랑 사람들이 우는 거랑. 당시에는 시체가 부패되는 걸 막을 수 있는 게 없잖아요. 그래서 냄새도 안 좋고 그랬어요.

밤마다 총소리가 났어요. 밖을 내다보면 빨간 불기둥이 움직이면서 휙 지나가는 게 보였어요. 레이저 같달까? 공상과학 영화에서 보면 레이저가 나가잖아요. 그런 것처럼 불기둥이 보였어요. 난생처음 보는 광경이니까 신기했죠. 외할머니는 총알 들어온다고 솜이불로 창문을 막으셨지만요.

정명운

(1980년, 9세)

동산초등학교를 다녔어요. 그때 살던 집은 지산동 우체국 옆 골목에 있었고요. 시내에서 가까운 편이었죠. 저는 집밖으로 나가지도 못했어요.

날마다 총소리가 심하게 나니까 한번은 아버지가 상황을 알아보겠다며 시내에 나가셨어요. 가족들이 엄청 걱정을 했죠. 총 맞고 죽은 사람들도 있었으니까요. 아버지가 돌아오셔서 하시는 말씀이 계엄군들이 총을 발포해서 사람들이 쓰러졌고, 아버지는 계엄군들이 쫓아와서 골목골목으로 피하면서 간신히 집으로 돌아왔다고 하셨어요.

우리집에서 조대 뒷산이 보였는데, 군인들이 부상을 당해서 절뚝이고, 부축을 해서 산으로 올라가는 걸 봤어요. 무서웠어요. 군인도 우리와 똑같은 사람이라고 생각은 하지만, 무장을 히고 있으니까 공포심이 생겼던 거죠. 게다가 총성도 많이 들었고요. 아버지 말씀노 있었으니까 절대로 밖으로 나가면 안 되겠다고 생각했어요.

박진홍

(1980년, 10세)

산수시장 쪽에 살았어요. 계엄령이 내리고 나니까 학교도 안 가고, 부모님들도 무척 걱정하셔서 우리를 밖으로 안 내보내셨어요. 당시에는 밤 되면 어머니들이 잔뜩 겁을 먹고 가급적 불도 안 켰어요. 도망 다니는 사람들을 집에 숨겨줬다가도 일을 당하니까 되도록 개입을 안 하려고 했어요.

우리집에서 결정적으로 겁을 먹게 된 것은 밤에 총격전이 몇 번 있었는데, 어느 날 총알이 우리집 작은 유리창을 뚫고 들어와서 거실 벽에 박힌 거예요. 그후로 부모님이 더 긴장하셔서 이불을 잔뜩 쌓아놓고 안쪽 방에만 있으라고 하셨어요. 우리가 눈먼 총알에 맞지나 않을까 걱정하셨어요.

부모님이 그렇게 못 돌아다니게 하시니까 나는 안 돌아다녔어요. 딱 한 번 낮에 몰래 나갔다가 구 동구청 자리에서 시신들이 있는 걸 봤어요. 바닥이 기울어져 있었는데 시체에서 흘러내린 빨간 피가 하수구 쪽으로 흘러들어가는 걸 봤어요. 사람들이 울고불고 가족을 찾으러 오고 복잡한 상황이었고 아이들은 가라고 내쫓기는 상황이었는데 빨갛게 흐르는 피를 보니까 너무 비위가 상해서 저는 호기심도 싹 가시더라고요.

그리고 시민군들이 차량에 타서 확성기를 들고 호소하는 방송을 하고 다녔는데, 나보다 두 살 많았던 형이 그 차를 타고 따라가버렸어요. 동네 사람들에게 그 이야기를 전해 들은 어머니는 난리가 났죠. 부모님이 형을 찾으러 나갔는데 사실 나는 그 틈에 나가서 시체를 본 거였어요. 하루종일 어린아이 목소리로 그 방송을 함께하고 다니던 형이 저녁이 다되어서야 돌아왔어요. 거기서도 부모님이 걱정하실 것을 아니까 보내준 거지요.

하튼 당시에 유난히 헬기가 많이 날아다녔는데, 계속 뭐라고 떠들면서 도시 상공을 날아다녔어요. 무섭고 심란해서 그 이후로는 집밖으로 나가지 않았어요.

〈나중에 괜찮을까?〉, 30×45cm, 피그먼트 프린트, 2014

강성경

(1980년, 10세)

　지금도 거기에 있는지 모르겠는데, 그때 백운1동 동사무소 앞에 살았어요. 동네 사람들이 김장할 때 쓰는 크고 빨간 고무 통에 물을 받고, 바가지를 띄워놨어요. 시민군들이 트럭을 두드리며 지나다녔는데, 그러다가 바가지로 고무 통에 받아놓은 물을 떠먹었죠.

　동네 반장이나 부녀회장 같은 사람들이 돈을 걷었어요. 금액이 정해진 건 아니었지만 집집마다 형편 닿는 대로 돈을 걷어서 슈퍼마켓에 있는 물건들을 다 샀어요. 먹을 것도 사고, 치약도 사고. 치약을 눈 밑에 바르면 최루탄이 안 맵거든요. 그래서 치약도 사고, 빵도 사고, 음료수도 샀죠. 산 것들을 물통이랑 함께 앞에 쌓아놓았어요. 그러면 지나가던 시민군들 중에 목마른 사람은 물 먹고, 배고픈 사람들은 빵 먹고 그랬죠. 또 동네 아줌마들이 찹쌀로 주먹밥을 만들어놓으면 그 주먹밥도 가져갔어요.

　남자들은 다 잡아가서 죽인다는 소문이 나돌았어요. 그래서 밤마다 동네 남자들이 모두 우리집 지하실로 들어가 숨었어요. 우리집 지하실이 엄청 컸거든요. 남자들이 들어가면 여자들은 지하실 문을 닫고 문을 은폐하려고 그 위에 물건들을 쌓고 들어내지 못하게 하려고 엄청 큰 물통에 물을 받아서 올려놓기도 했어요. 그때 우리 오빠가 나보다 두 살 많았는데, 독자여서 우리 엄마는 오빠까지 지하실에 숨겼어요. 행여나 죽게 될까봐.

김이강

(1980년, 12세)

일단 학교를 안 가서 좋았던 기억이 있고요.

우리집 앞에 큰길이 있었어요. 지금으로 보면 작은 길이지만요. 당시에 서석초등학교 후문 쪽에 살았어요. 밖에 나와서 친구들이랑 야구하면서 놀았는데, 대학생 형들이 열 맞춰 뛰면서 구호 외치는 것을 봤어요. 그리고 얼마 후에는 버스나 트럭을 타고 왔는데, 차에 "전두환을 갈기갈기 찢어죽이자. 김대중을 석방하라!"라는 플래카드가 붙어 있었어요.

그리고 집에서는 할머니랑 어머니가 그분들께 드리려고 김밥을 싸셨어요. 하루이틀 싸서 내시더니 그후로는 안 내시더라고요. 그래서 왜 안 내시냐고 물어봤더니 이것도 다 나중에 문제가 될 수도 있다고 하시면서, 그만두셨어요.

인도에 일종의 쉼터처럼 동네 아주머니들이 만들어오신 김밥도 쌓아두고, 양동이에 물도 담아뒀어요. 시위대들이 언제든 먹을 수 있게. 그러면 어떤 차는 세워서 먹기도 하고, 어떤 차는 그냥 지나가기도 했어요.

나중에 상황이 심각해지면서는 밖에서 못 놀았어요. 그때 TV에서는 광주에서 폭동이 일어났다고 하고, 김대중 대통령의 집에서 수류탄이 나왔다고 했는데, 그 뒤로 텔레비전이 '지지직'거리더니 안 나오더라고요.

날이 더운데 할머니가 어디선가 솜이불을 해오셨어요. 총알이 솜이불은 못 뚫는다고요. 옛날 집들은 담이 낮아서 총알이 집안으로 쉽게 들어올 수 있었거든요. 언제 한번 낮잠을 잤더니 밤에 잠이 안 오는 거예요. 새벽에 3~4시간을 식은땀을 뻘뻘 흘리면서 떨었던 기억이 있어요. 잠은 안 오고 총소리는 계속 들리고. 너무 가까운 데서 총소리가 들리니까 정말 무서웠어요. 저는 5·18 하면 그때의 공포가 떠올라요. 그 총소리.

⟨우⋯와!⟩, 30×45cm, 피그먼트 프린트, 2015

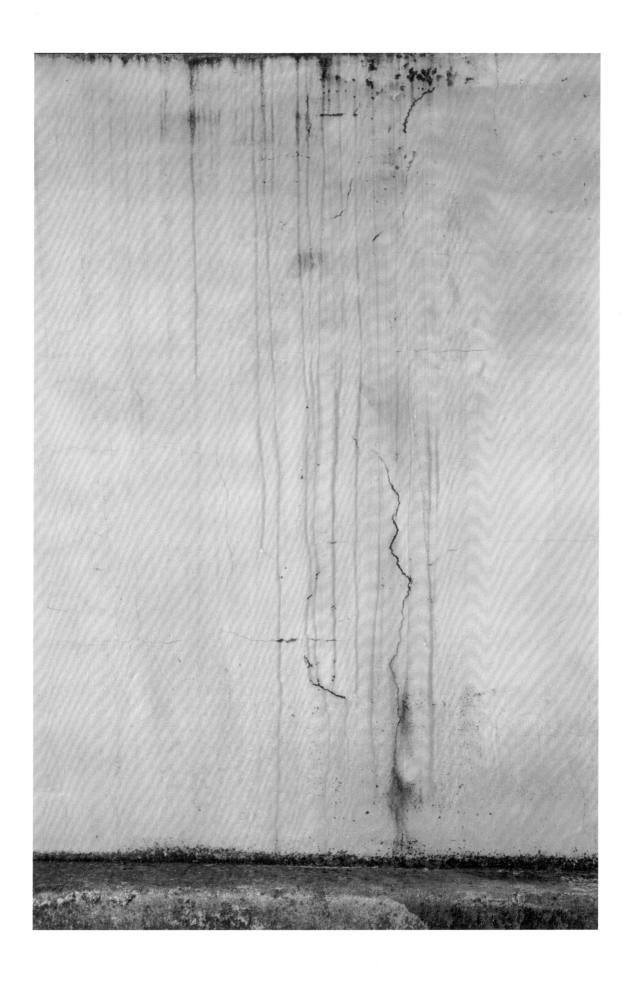

강선아

(1980년, 12세)

그때 내가 살았던 동명동이 나름대로 부자 동네였어요. 그래서 폭동이 일어났다고 하니까 동네 사람들이 대학생 오빠들을 무척 무서워했어요.

우리집에서는 밖을 내다보기 좋게 장독대 같은 게 있었어요. 밖이 시끄러워서 담장 너머로 내다봤더니 대학생 언니, 오빠들이 도망치고, 계엄군들이 쫓아갔어요. 그리고 군인들이 개머리판으로 붙잡은 사람들의 머리를 찍어내리는 것을 봤어요. 대학생 언니가 개머리판으로 머리를 맞고 피를 흘리던 기억이 선명해요. 정말 충격이었어요. 아직도 눈에 선해요.

그리고 밤에 자고 있는데 우리집 앞으로 장갑차가 지나가는 소리가 났어요. 그리고 우리 앞집이 굉장히 좋은 이층집이었는데 총알이 마구 왔다갔다하다가, 집안으로 들어온 총알이 커튼에 휘감겼대요. 다행히 사람은 안 다쳤는데, 그 집 가족들이 우리집으로 건너와서 며칠 피신해 있었어요.

그리고 기억이 짤막짤막한데, 아침에 아빠가 일어나서서 도청 쪽으로 나가시고, 오빠가 또 쫓아나가고, 그런데 두 사람 다 안 오니까 제가 집 앞 큰길까지 나가봤는데, 그때 도로가 난리가 나 있었어요. 소파라든지 하는 집안의 모든 집기들이 거리로 쏟아져나와서 그야말로 난장판이었어요. 그리고 방송이 끊기고 그 상태에서 조금 조용해져서 아빠 손잡고 밖에 나갔는데 전여고 앞에 있던 MBC가 시커멓게 불타 있었어요. 도청에 갔는데 어른들이 굉장히 많이 모였던 것도 기억나요.

문영학

(1980년, 12세)

그때 저는 서석초등학교에 다녔는데, 집은 광주역 옆, 중흥동이었어요. 학교를 갔다가 하교 하는 길에 자연스럽게 도청을 지나갈 수밖에 없었어요. 도청 앞 분수대 앞에 수많은 대학생들이 모여서 데모를 하고 있었어요. "계엄 해제", "전두환 물러나라" 그런 문구들이 생생하게 기억나요.

그러다 상황이 악화돼서 수업이 제대로 안 됐어요. 그날은 보통 때보다 더 빨리 끝났고, 운동장에 각 동네별로 모여서 선생님 인솔하에 집에 갔어요.

그때 아버지가 충장로1가에서 보르네오 가구점을 하고 계셨는데, 군인들에게 쫓겨서 가구점 안으로 학생들이 피신해오면 아버지는 판매하려고 진열해두었던 가구 안에 그분들을 숨겨주시곤 했어요.

거의 6월 초까지 학교에 못 갔고 방송에서 다시 학교에 등교하라고 해서 다시 등교를 했어요. 그때 언론에서 정확한 보도를 안 한다고 해서 방송국들을 불태웠거든요. 광주역 옆에 KBS가 있었는데 바로 우리집 앞이어서 방송국이 불타는 것도 봤어요.

그리고 그때는 어렸으니까, 탱크나 장갑차가 지나가도 아스팔트 바닥이 깨지지 않는 걸 보고 참 신기하다는 생각을 했어요.

강채민

(1980년, 12세)

옛날 전남공고 뒤편에 살았어요. 지금으로 하면 KT사옥 뒤편이요.

그때 오빠가 고등학생이었는데, 보성에 있는 친척집으로 오빠를 보냈어요. 언니는 나랑 같이 집에 있었고요.

대학생이었던 사촌 언니가 월남치마를 입고 나이 드신 아주머니 같은 행색을 하고 산수동에서 우리집으로 왔던 게 기억나요. 중간에 검문 같은 걸 했는데 몸을 세세하게 수색했다는 이야기를 해서 놀랐어요.

학교를 쉬는 동안에 엄마가 못 나가게도 하셨고, 총소리가 나니까 무서워서 저도 집안에만 있었어요. 밤에는 총소리가 더 심했어요. 총소리가 나니까 엄마가 솜이불을 다 꺼내서 벽이랑 문을 막았어요. 그리고 엄마가 동네 아주머니들이랑 모여서 주먹밥 같은 걸 만드는 데를 딱 한 번 따라간 적이 있고요. 그게 기억의 전부예요.

나진근

(1980년, 12세)

우리집은 농장다리 근처였어요. 어릴 때라 학교를 안 가니까 좋긴 했는데 나중에 겨울방학이 없어져서 안 좋았죠.

그때 우리 아버지가 나주에 계셨는데, 집에 오셔서 전쟁 같은 게 났다며 가게에서 라면 같은 걸 잔뜩 사오셨어요. 그런데 좀 있다가 상황을 아시고는, 동네 어른들이랑 함께 나가셔서 시위에 참여하셨어요. 그때 우리 동네 남자들은 거의 다 시위에 나갔어요.

동네 친구들이랑 도청에 한 번 갔는데, 군인들이 도청 앞 큰길에서 탱크 같은 걸로 무장을 하고 총을 들고 지키고 있었어요.

우리 동네에서 데모하던 사람들이 잡혀가고 그랬는데, 군인들이 그 사람들을 군용 트럭에 태우고 장총으로 마구 때렸어요. 그리고 트럭에 사람들을 태울 때 사람 위에 사람들을 막 태우고 그랬어요. 군인들은 그 사람들을 사람이라고 생각 안 하는 것 같다는 느낌을 받았어요. 동네 아주머니들이 왜 사람들에게 그렇게 심하게 하냐고 말리셨는데 아무 소용이 없었어요. 당시엔 군인들이 엄청 무서웠어요.

〈잊혀지지가 않아〉, 30×45cm, 피그먼트 프린트, 2015

곽은영

(1980년, 9세)

그때 아파트에 살았어요. 화정동에 있는 5층짜리 아파트. 이름은 잘 기억이 안 나요. 학교를 못 가니까 집에 있었는데, 저녁에 총소리가 났어요. 그래서 거실 창을 이불로 막았어요. 불빛이 새어나가지 않도록 불도 다 끄고 있었어요. 화장실이 유일하게 밖으로 불빛이 안 새니까 식구들이 모두 화장실에 숨어 있었어요. 그때 옥상에서 총격전이 있었다고 들었어요. 총격전이 시작되면 화장실로 숨고, 총소리가 잠잠해지면 화장실에서 나왔어요. 좁은 화장실에서 다섯 명이 웅크리고 숨어 있었을 때는 정말 무서웠어요.

그리고 큰오빠가 중학생이었는데, 충장로에 있는 학원을 다녔거든요. 학원에 갔다가 어떤 장면을 목격했는데, 너무 놀라가지고 그 자리에서 오줌을 싸버렸다고 했어요. 정말 충격적이어서 어떻게 살아 돌아왔는지도 모르겠다고 말해서 깜짝 놀랐어요.

송명재

(1980년, 11세)

저는 중흥동에 살았어요. 효동초등학교 바로 앞에요. 길에 차가 지나다니는 걸 봤어요. 다 부서진 차를 두드리면서 "전두환 물러가라!" 구호를 외치면서 여러 대가 지나가고 우리는 모두 서서 구경하고 박수도 쳐주고 그랬어요.

그 당시에 제가 자주 아파서 곧잘 병원에 갔었는데 차가 안 다니니까 엄마랑 한참 걸어서 병원에 가야 했어요. 병원에 가면 환자들이 많이 바닥에 누워 있었어요. 다친 사람들이 많았어요.

그리고 우리 오빠가 고3이었는데, 아빠가 밖에 나가면 큰일난다고 못 나가게 했어요. 또 아빠는 그때 전화국에 다니셨는데, 사람들이 전선을 다 끊어버려서 어쨌다느니 뭐 그런 이야기들을 하셨던 게 기억나요.

〈두두두두두두두〉, 30×45cm, 피그먼트 프린트, 2015

김강미

(1980년, 11세)

우리집은 금동이었어요. 도청 바로 옆이요.

군인들 없을 때 젊은 사람들이 트럭을 타고 행진하는 걸 봤고, 학생들은 다 숨고 군인들이 도청을 점령한 것도 봤어요. 한 번씩 시민들이 도청 앞에 모여서 데모 같은 걸 했는데, 다 같이 무언가 다짐하는 것처럼 보였어요.

어느 밤에는 총격전 소리가 들렸는데, 집 근처 2층에 살던 아저씨가 총소리 듣고 밖으로 나왔다가 우연히 총에 맞아서 바로 숨졌다고 하더라고요.

한번은 오빠랑 나랑, 남동생이랑 셋이서 시내로 나갔어요. 옛날 삼복서점이 있던 건물 그 계단에 군인들이 앉아서 쉬고 있더라고요. 우리를 본 군인 중에 한 명이 우리한테 손짓을 하면서 이리 오라고 했어요. 내 양쪽에 오빠랑 남동생이 있었고, 내가 가운데 있었는데 내가 고집을 피우면서 안 가겠다고 했어요. 오라고 해도 안 오니까 그 군인이 "이 녀석들이!" 하면서 무섭게 소리쳤어요. 잔뜩 겁먹은 남동생이 "누나, 가자……" 그러더라고요. 그래서 군인들 앞으로 갔더니 "이 녀석들, 맛을 좀 보여줘야겠네. 무서운 줄을 모르고 어딜 함부로 돌아다녀!" 하니까 옆에 있던 군인이 아직 어리다고, 아직 어려서 안 된다고 그냥 보내라고 하더라고요. 그러니까 그 군인이 "너희들, 이렇게 겁도 없이 돌아다니다가 한 번만 더 걸리면 진짜 혼난다. 빨리 집에 가!" 그러더라고요. 그래서 셋이 서 손잡고 곧바로 집으로 돌아왔어요. 지금 생각해보면 큰일날 수도 있었던 상황이었던 것 같아요.

그리고 밤에 MBC에 불이 났는데, 아침 등굣길에 보니까 그때까지 불길이 살아 있더라고요. 그것도 기억나네요.

서상석

(1980년, 12세)

터미널 옆에 살았어요. 지금으로 말하면 롯데백화점 근처예요.

총소리가 많이 났어요. 군인들이 총을 들고 있는 것도 봤고, 공수부대가 와서 사람들을 잡아가는 것도 봤어요.

그 기간 중에 우리 할머니가 돌아가셨는데 차가 안 다녀서 송정리까지 걸어갔어요. 그때 시내는 거의 시민군들이 잡고 있었어요. 계엄군이 없으니까 걸어갈 수가 있었죠. 교전중이었으면 못 갔겠죠. 송정리로 걸어가면서 트럭에 탄 시민군들이 돌아다니는 것도 보고, 동네 사람들이 주먹밥 같은 것을 주는 것도 봤어요. 죽은 사람들을 트럭에 태우고 태극기로 덮어놓은 것도 봤고요. 걸어가니까 별걸 다 볼 수밖에 없잖아요. 화정동까지 갔더니 거기가 막혀 있더라고요. 트럭도 불에 타 있고요. 안쪽으로는 시민군들이 막고 있고, 그 이후로는 군인들이 길을 막고 있었어요.

처음에는 학교 안 간다니까 좋았죠. 서 있던 군인들에게 "아저씨 총 좀 보여주세요" 이러면서 장난도 치고 그랬는데, 나중에는 분위기가 살벌했어요. 공수부대가 오면서부터는 거의 밖에도 못 나갔고요.

공수부대는 개구리복을 입고 다니면서 학생들을 무조건 잡아갔어요. 대학생들이 주택가로 숨으면 무조건 찾아내서 질질 끌고 갔어요. 정말 무서웠어요. 공수부대원들은 돌도 안 피하고, 화염병도 안 피하더라고요. 우리집에도 학생들이 숨어들었는데 공수부대원들이 잡아갔어요. 일반 군인들은 그렇게까지는 안 했거든요. 그래서 공수부대원들에게 약을 먹였다느니, 술을 먹였다느니 그런 말들이 있었어요. 사람들을 무조건 잡아가게 하려고요.

그 일이 끝났던 게 27일인가 28일이었는데, 저녁에 터미널 쪽에서 기관총 소리가 났어요. 시민군이랑 계엄군이랑 싸우는 소리였어요. 저녁 내내 총소리가 드르륵, 드르륵 났어요. 밤새도록 잠도 못 자고 이불 덮어쓰느라 바빴어요.

한서희

(1980년, 12세)

우리 동네에서는 쌀을 걷어서 시민군들에게 줬어요.

우리집 앞에 '모나미 문구점'이 있었는데, 어느 날 보니까 그 집 문이 닫혀 있더라고요. 그 집 아저씨가 시민군들 버스를 운전하다가 총에 맞아서 죽었다고 했어요. 그 집 아이들이 너무 어렸는데……

화정동에 살았었는데, 그냥 집 앞 골목에서만 놀았어요. 당시에는 우리 동네가 광주 외곽이어서 계엄군이나 그런 사람들을 본 적은 없어요. 말로만 들었지요. 딱 한 번 큰길가로 나가서 시민군들이 버스 타고 지나가는 것을 봤어요. 유리창이 없는 차였어요. 일부로 깼다는 느낌을 받았어요. 사람들이 차 밖으로 손으로 꺼내 나무토막이나 막대기 같은 걸로 차를 두드리면서 갔어요. 뭔가 결연한 의지를 다지는 것처럼? 여하튼 차가 많이 망가져 있었어요. 어린 마음에 저는 '어? 차 다 부서지겠다' 그런 생각을 했어요.

김선미

(1980년, 8세)

그때 효덕동에 살았어요. 너무 어려서 자세히는 기억이 안 나요. 학교에 안 갔고, 총성이 울렸고, 굉장히 무서웠고, 이불을 둘러써서 답답했고, 이런 것들만 기억나요.

그때 어른들이 '폭도'라는 말을 했어요. 그리고 사람들이 유리창을 다 깬 버스를 타고 시위 같은 걸 하러 다니면 군인들이 그 사람들을 잡으러 다니고 총을 쏘고 그랬어요. 우리집도 총성이 너무 많이 들리고, 총알이 날아와서 온 가족이 솜이불을 뒤집어쓰고 지냈어요. 우리집 방안으로 총알이 들어와서 박히고 그랬거든요. 우리집이 광주 외곽이어서 더 심했던 것 같아요. 그래서 이웃 주민들끼리 매일 서로의 생사를 확인하곤 했어요.

우리 삼촌도 대학생이었는데, 여기 있으면 위험하다고 해서 어찌어찌해서 시골로 보냈는데, 굉장히 어렵게 보내셨다고 들었어요. 우린 무슨 상황인지 모르고, 어르신들은 뭔지 알아도 함부로 말할 수도 없는 상황이어서, 누가 학생들 보고 '폭도'라고 해도 함부로 나서서 '이런 사람이다'라고 정정해줄 사람은 없었어요.

정말 전쟁이었던 것 같아요. 총성이 멈춰서 나가보면 군인들이 군용차를 타고 와서 돌아다녔어요. 어린아이들에게 총을 쏘지는 않았어요. 학생들이 탄 차가 지나가고 나면 어김없이 군인들 차가 왔었던 것 같아요. 학생들이 지나가면 어른들이 막 박수를 쳐주고 그랬어요. 군인들이 지나가면 그냥 쳐다만 봤고요. 그리고 그후로 총성이 울리면 사람들이 얼른 숨고 그랬어요.

〈유언비어〉, 30×45cm, 피그먼트 프린트, 2014

차수진

(1980년, 13세)

그날은 학교에서 일찍 끝내줬어요. 학교에 걸어다녔는데, 공수부대원들이 임산부 배를 갈라서 어쨌다느니 하는 흉흉한 소문들이 있어서 무서웠어요. 그래서 원래 다니던 큰길로는 못 가고 골목길로 돌아갔는데, 그 길에서 엄마를 만났어요. 엄마도 걱정이 돼서 나를 데리러 오셨는데, 본인도 무서우시니까 골목길로 오고 계셨던 거예요. 그리고 그다음날부터 학교를 안 갔어요. 언제였는지 날짜는 정확히 기억이 안 나요.

그때 나는 광고 앞에 살았는데, 처음에는 학교를 안 가니까 좋았어요. 그리고 광고 앞에 탱크가 있다가에 동생들이랑 구경하러 나가기도 했어요. 그런데 총소리가 나고, 동네 안에서 군인들이 총을 들고 돌아다니기 시작했어요. 총소리가 나니까 무서워서 창문마다 솜이불로 막았어요. 밤새 총소리 때문에 오들오들 떠느라 가족들이 모두 잠을 못 잤어요.

그래서 막내 고모가 사는 지산동으로 피난을 갔어요. 버스가 안 다니니까 걸어서 갔는데, 걸어가는 도중에 뒤에서 총소리가 났어요. 우리 뒤쪽에서 총소리가 들리니까 무서워서 다 같이 막 달렸어요. 그때는 진짜 급박한 상황이었어요.

고모 집에 가서도 무서워서 잠을 못 잤어요. 고모 집 대문이랑 옥상 위로 사람들이 막 뛰어다니고 그랬거든요. 정말 무서웠어요.

최혜경

(1980년, 13세)

그때 동명동에 살았어요. 우리 오빠가 고등학생이었는데, 오빠가 매일 데모대를 따라다녔어요. 그래서 아빠가 오빠 찾으려고 도청까지 가고 그랬어요. 아빠가 오빠를 찾아오지 않았으면 무슨 일이 일어났을지 모르죠. 나는 집밖으로 안 나갔어요. 오빠가 너무 부모님 걱정을 시키니까, 아시잖아요. 저라도……

농장다리에 사람들이 트럭 같은 걸 타고 오면 우리 동네 사람들이 밥을 해서 줬어요. 전 멀리서만 봤는데 뭔가 사람들이 단합된 분위기였어요.

그리고 젊은 여자의 목소리가 기억나요. 선동하던 그 목소리.

최혜원

(1980년, 8세)

운암동에 살았어요. 트럭에 가득 탄 군인들이 동네에서 내리는 것을 보고 엄마와 동네 주민들이 따뜻한 물을 따라주려고 갔는데, 군인들이 갑자기 "죽으려고 환장했어! 들어가!"라고 소리를 쳐서 얼떨결에 집으로 들어온 기억이 나요.

우리집 근처에 박물관이 있었어요. 그때 외삼촌이 군대를 막 제대하고 집에 와 있었어요. 집 옥상에서 내다보니 외삼촌이 박물관 쪽으로 다른 사람들과 걸어가는 게 보였어요. 그런데 갑자기 군인들이 그쪽으로 총을 쐈어요. 다행히 외삼촌은 총에 맞지 않았지만, 집 옥상에서 그 상황을 목격한 저는 정말 무서웠어요.

우리는 당시에 주택에 살고 있었는데, 총알이 들어오지 못할 만한 깊숙한 곳에 숨어 지냈어요. 집 옥상에서 보면 서광주 톨게이트로 나가는 큰 길목이 보였는데, 어떤 때는 트럭을 타고 총 든 군인들이 지나가고, 어떤 때는 트럭에 군복을 입지 않는 사람들이 타고 지나갔어요. 꽤 자주 봤어요.

그 시절을 생각하면, 오랫동안 집밖으로 나가지 못해서 무척 답답했던 것과 몸이 오싹할 정도의 두려웠던 감정들이 떠올라요.

소유정

(1980년, 7세)

우리는 아파트에 살았어요. 양동 삼익아파트요. 7층 정도에 살았는데 엄마가 창문 쪽으로는 절대로 못 가게 하셨어요. 그때는 이유를 몰랐는데 엄마가 워낙 엄하게 말씀하셔서, 어린 마음에도 뭔가 불안한 마음이 들었어요.

우리 아파트는 동이 세 개였는데, 맨 뒷동에 차들을 숨겼어요. 차를 다 모아놓고 천막으로 덮어씌워서요.

엄마가 볶음밥을 계속 만드셔서 밖으로 가지고 나가셨어요. 그때는 몰랐지만 나중에 생각해보니까 시민군들을 가져다주셨던 것 같아요.

〈우리나라, 만세〉, 30×45cm, 피그먼트 프린트, 2015

염수인

(1980년, 8세)

1학년이었는데, 처음에는 학교가 쉬니까 좋았어요.

운암동에 살았는데, 큰 도로에 탱크들이 들어와서 전쟁이 난 것처럼 무섭기도 했고 신기하기도 했어요.

아빠는 무슨 일인지 알아보신다고 도청에 가셨고, 엄마는 위험하다며 우리들을 다락방에 숨게 하셨어요. 총알이 창문을 뚫고 들어온다고 사람들이 수근거렸고 그래서 우리는 우리집에서 가장 깊은 곳이었던 다락방에서 촛불을 켜고 밤새 있었어요.

도로 위에 있는 탱크와 장갑차도 봤고, 시위대인 것 같은 언니, 오빠들이 피를 흘리는 것도 봤어요. 당시엔 굉장히 무서웠고 전쟁과 같은 위급한 상황이었어요.

또 도로변에서 깃발을 흔들었던 기억도 나요.

51

이형석

(1980년, 9세)

당시에 초등학교 2학년이었어요. 우리집은 유촌동이었는데 그 지역은 지금은 상무지구가 됐지만, 예전에는 상무대였어요. 우리는 상무대 후문 근처에 살고 있었어요. 군부대가 바로 앞에 있어서 군인과 시민군의 대치 상황을 종종 목격할 수 있었어요. 특히 아시아자동차 공장, 지금 기아자동차 공장 인근이어서, 상황이 굉장히 긴박했던 기억이 나요.

5·18 기간 동안 상무대에서 헬리콥터가 이륙해서 방송도 하고 삐라도 뿌려서, 그 삐라를 주우러 다녔던 기억도 있어요.

한번은 시민군이 한밤중에 우리집에 들어와서 배가 고픈데 먹을 것 좀 있냐고 해서 집에서 먹을 걸 나눠주기도 했어요.

우리 아랫집에는 상무대 상사 가족들이 살고 있었는데, 5·18 기간 동안에는 가족들이 상무대 안으로 다 들어갔고, 그 집은 비어 있었어요.

또 상무대에서 군인들이 계속 왔다갔다하던 모습들도 종종 봤어요. 당시에는 소리만으로도 여러 가지 긴박했던 상황을 느낄 수가 있었어요. 헬리콥터 소리, 군인들이 지나가는 소리, 장갑차 지나가는 소리 등등이 굉장히 긴박하게 들렸어요.

특히 부모님이 한밤중에는 절대 밖으로 나가지 못하게 하셨어요. 낮에도 집 옥상에는 못 올라가게 하셨고요. 사람이 보이면 헬리콥터에서 무조건 총을 쏜다고 하셨어요.

석가탄신일 같은 기념일이면 원래 텔레비전에서 만화영화도 해주고 하잖아요. 그때 석가탄신일이 있어서 재미있는 프로그램을 보려고 기다렸는데, 텔레비전을 켜도 화면에서 아무것도 보이지 않아서 무척 실망했던 기억도 나요.

〈어째서?〉, 30×45cm, 피그먼트 프린트, 2014

정선화

(1980년, 8세)

그때 중흥동에 살았어요. 학교에 입학한 지 얼마 안 됐는데 학교를 오랫동안 안 나갔던 기억이 나요.

삼촌들이 도청에 나가려고 하니까, 엄마가 못 나가게 막으셨어요.

우리집은 전대랑 가까웠어요. 대학생들이 지나가면 동네 어른들이 주먹밥을 해주셨어요.

우리집은 큰 피해를 보거나 하진 않았어요. 저는 집 옥상에 올라가서 사람들이 우르르 몰려다니던 걸 본 기억 정도만 있어요.

최귀성

(1980년, 9세)

1980년 5월 18일은 일요일이었어요. 초등학교 2학년이었는데, 합창대회를 위해서 학교에서 단체로 모여서 연습을 하고 있었어요. 일요일에 연습을 했기 때문에 그날을 정확하게 기억하고 있어요.

오후였는데 부모님들이 모두 자기 아이들을 데리러 학교 강당으로 오셨어요. 그래서 연습을 중단하고 각자 집으로 돌아갔어. 수창초등학교에서 충장로인 우리집까지 걸어오는데, 거리에 총을 든 군인들이 쫙 깔려 있었어요. 어떤 군인들은 사람들을 잡으러 뛰어다니더라고요. 어린 마음에 군인들은 항상 우리 편이라고 생각했으니까, 무섭기보다는 왜 이렇게 군인들이 많을까? 그저 그게 이상했어요.

그 이후로 임시휴교령이 내려져서 학교에 안 가도 된다고 했어요. 엄청 좋아했죠. 그래서 집에 있는데 밖에서 가끔씩 총소리도 들리고, 사람들이 뛰어다니는 소리도 났어요. 군인들의 함성 소리가 들리기도 했고요.

그리고 어느 날은 우리집으로 대학생으로 보이는 형 두 명이 몰래 들어와서 깜짝 놀랐는데, 숨겨달라고 해서 반나절 동안 숨겨준 적이 있었어요. 밤에는 무서워서 우리도 숨어 있던 기억이 나요.

54
고성주

(1980년, 9세)

초등학교 2학년이었어요. 주월동에 살았는데 대동고 근처였어요. 지금은 그 자리에 아파트가 생겼더라고요.

그 앞 도로로 낮에는 시민군들이 탄 트럭이 많이 다녔어요. 그리고 아버지가 총알이 들어올지 모른다고 창문에 이불을 세 겹 정도 싸서 붙여놨었어요. 우리집 옥상에서 대학생 형들이 총을 들고 보초를 섰거든요. 우리집에서 라면도 먹었고요. 우리집이 지대가 높았어요. 산 아래쪽이어서. 전망이 탁 트여 있어서 도로가 훤하게 다 보였어요. 집 뒤쪽 산에는 간혹 대학생들이 죽창을 들고 다니기도 했어요. 밤에는 진짜 총격전이 있었고요. 대학생들은 다 모자를 쓰고, 별로 좋은 총은 아니었지만 총도 들고 다녔어요.

어디를 나갈 수도 없었고 한 달 정도 움직이지도 못했어요. 밤마다 불빛이 새면 안 된다고 해서 불도 못 켰어요. 우리집만 그런 게 아니라 우리 옆집도 그랬어요. 창문을 이불로 막고, 그 집 옥상에도 대학생 형들이 총을 들고 서 있었고요.

55

김○○

(1980년, 13세)

당시에 저는 지산동에 살았어요. 5월 17일에 계엄군이 처음으로 트럭을 타고 들어왔거든요. 계엄령이 떨어지기 전이었으니까 공수부대였겠죠. 그때 할아버지랑 시내 서점에 가고 있었는데, 공수부대가 트럭 여러 대를 타고 와서, 데모하고 있던 대학생들을 뒤쫓았어요. 공수부대가 짐칸에서 내리자마자 대학생들이 사방으로 흩어져서 도망쳤어요. 어떤 사람들은 남의 집으로 들어가고, 어떤 사람들은 하수구 밑으로 숨기도 했는데, 거의 대부분은 붙잡혔어요. 잡힌 사람들은 두들겨 맞으면서 트럭에 실려갔어요. 저랑 할아버지는 서점에 가려다 못 가고 그냥 집으로 돌아왔어요. 5월 17일에요. 그날 본 것을 일기에 썼기 때문에 그 날짜가 정확히 기억나요. 그다음날부터는 학교도 못 갔어요. 그때 진짜 많이 놀랐어요.

트럭에 관을 높이 쌓아가지고 굉장히 많이 싣고 왔었어요. 그걸 본 것도 기억나요. 저렇게 많은 관을 어디다 쓰나 하고 봤더니 상무관에서 쓰더라고요. 그때 상무체육관에 죽은 사람들을 관에 넣어뒀거든요. 태극기나 빨간 보에 싸가지고요. 그게 족히 100개는 넘었던 것 같아요. 관을 체육관 바닥에 줄지어 놔뒀고, 유족들이 와서 울던 기억이 생생해요. 그래서 나는 지금도 상무관이 무서워요. 밤에 그 앞을 지나가면 섬뜩한 기분이 들어요. 무섭죠.

〈6·25보다 더〉, 30×45cm, 피그먼트 프린트, 2015

김현희

(1980년, 13세)

아침에 일어났는데 학교에 오지 말라고 하더라고요. 그래서 즐거운 마음이었어요.

그때 우리 아빠는 공무원이셨는데 출근을 하셨어요. 아빠는 공무원증을 목에 걸고, 뭔가 비장한 표정으로 나가셨어요. 그러면서 우리에게는 절대로 집밖으로 나가지 말라고 신신당부를 하셨어요.

그때 우리 언니가 대학생이었는데 언니는 밖에 나가고 싶어했어요. 그때 대학생들은 사상이나 의식 같은 게 있었으니까. 나는 무서우니까 전혀 밖에 안 나갔어요. 제 성격이 나가지 말라고 하면 안 나가는 그런 성격이었고, 겁도 많으니까요.

한 번도 밖에 안 나갔기 때문에 뭘 직접 본 적은 없어요. 그저 어두워지면 불을 빨리 끄라고 했던 게 기억나요. 무슨 일이 생길지 모른다고요. 또 밤이 되면 총소리가 났어요. 탕. 탕. 탕. 탕. 전대병원 건물 위에서도 총을 쏘고, 도청 쪽에서도 총소리가 났어요.

우리집은 전대병원 바로 옆이었어요. 당시에 한옥에 살았는데 큰방에서 가족들이 다 모여서 잤어요. 무서우니까요. 엄마가 솜이불로 문을 다 가렸어요. 우리 엄마 세대는 6·25를 겪은 세대이니까 그렇게 솜이불로 문을 막으면 총알이 못 뚫는다는 걸 아셨어요. 밤에 이불 속에서 엄마는 우리들에게 전쟁 때 이야기를 해주셨는데, 지금이 6·25 때보다 총소리가 더 심하다고 하셨어요.

아침이나 낮이 되면 의외로 조용했어요. 아무 일도 없는 것처럼. 그때가 5월이니까 굉장히 햇빛이 좋잖아요. 낮에는 마당에 나가서 대나무 의자에서 한가롭게 누워서 놀았어요. 밖에서 무슨 일이 일어나고 있는지 전혀 몰랐으니까요.

아침에 엄마가 잠깐 나갔다가 오시면 어디서 모여서 밥을 해줬다더라, 그런 말씀을 하시는 것만 들었어요. 우리 엄마는 밥을 해가거나 하진 않았어요. 상황만 보고 오셨어요. 엄마도 아빠 말씀에 순종하시는 타입이셨고, 나서거나 하는 성격도 아니셨거든요.

제일 무서웠던 기억은 우리집 바로 옆에 골목이 있었는데, 그 골목이 막다른 골목이었어요. 밖에서 보면 그렇게 안 보이는데 막상 들어가보면 길이 딱 끝나는 그런 골목이요. 밤에 도망치던 사람들이 거기가 뚫린 골목인 줄 알고 그 길로 들어가곤 했어요. 그 소리가 다 들렸어요. 막 도망치면서 "조심해!"라고 말하는 소리까지. 그런데 막다른 길이니까 거기서 시끄러운 소리들이 났어요. 잡혀버린 거죠. 그 사람들의 고함, 비명 소리를 들었을 때는 정말 무서웠어요. 그 소리를 가족들이 전부 다 같이 들었는데 방에서 어쩔 줄 몰라 했던 기억이 나요. 전부 다 잡혀가는 소리가 들렸는데 정말 무서웠어요. 그런 일이 한두 번은 더 있었어요.

정용재

(1980년, 11세)

어린 나이니까 처음에는 학교에 안 간다는 게 마냥 좋았죠. 근데 누가 죽었다는 흉흉한 이야기가 들리니까 무섭더라고요.

지금 이연안과 자리 근처에 사시던 아저씨가 집안으로 들어온 총알에 맞아 돌아가셨어요. 당시에는 그렇게 유리창 사이로 날아든 총알 때문에 돌아가신 분들이 꽤 계셨어요. 그래서 목화솜이불로 창이나 문을 다 가렸어요. 밤이나 낮이나 할 것 없이 계속.

그때 시내에 살았으니까 집안에 있어도 시민군들이 확성기로 말하는 소리가 다 들렸어요. 우리가 단결해서 무언가 하자는 소리들이었어요. 큰형하고 저하고 10년 차인데, 그때 우리 큰형은 엄마가 아예 팬티만 입혀놓고 못 나가게 가뒀어요. 나랑 형은 집안에만 갇혀 있었어요. 시내니까 함부로 다닐 수가 없었어요. 변두리링은 다르니까요. 어른들도 안전한 시간대에만 잠깐 나가셨어요. 슈퍼마켓이 잠깐 문을 열면 엄마가 나가셔서 먹을 것을 사다 나르셨어요.

고정화

(1980년, 11세)

동운초등학교 5학년이었고, 운암동에 살았어요. 지금 현대웰빙사우나 사거리에 그때 있던 슈퍼가 아직도 있어요. 그 슈퍼에 당시 50원 하던 보름달 모양의 빵을 팔았는데 제가 그 빵을 무척 좋아했거든요. 그 빵을 내 키만큼 쌓아놓고 시민군들이랑 학생들이 가져다 먹을 수 있게 내놨어요. 우리는 못 먹게 했고요.

그리고 우리집 맞은편에 사는 노인이 총에 맞아 죽었다면서 부모님이 집밖으로 아예 못 나가게 하셨어요. 그래서 별로 본 건 없지만, 동운 고가 위에서 군용차인가가 불탄 것을 본 건 기억이 나요.

〈우리를 잊지 말아주세요〉, 30×45cm, 피그먼트 프린트, 2015

김종원

(1980년, 12세)

호남동성당에 다녔어요. 그날 우리 성당에서는 야외 미사를 했어요. 증심사에서요. 저희 가족이랑 호남동성당 교인들 400~500명 정도가 증심사로 야외 미사를 갔어요. 우리집은 황금동이었어요. 그 당시 백제호텔, 지금으로는 리버사이드호텔이죠. 그 바로 앞이 우리집 이었어요. 미사가 끝나고 집으로 가려고 택시를 탔어요. 도청을 지나오면 바로 우리집인데, 택시가 사직공원 앞쪽으로 돌았어요. 그래서 우리 아버지랑 택시 아저씨가 실랑이를 했어요. 왜 이렇게 뼹 돌아가느냐고요. 그랬더니 택시 아저씨가 하는 말이 광주 시내가 난리가 났다고 하더라고요. 아주 난리가 났다고요. 그때 기억에 남는 게 적십자병원이 천변에 있었 는데요, 거기에 오리배가 떠 있었어요. 지금은 워낙 수심이 얕아서 안 믿겨지겠지만요. 정 말 오리배가 떠 있었고, 그 배 안에 사람도 타고 있었어요. 그 옆에는 아주머니들이 빨래를 하고 있었고요. 5월이니까요. 아무튼 택시 아저씨가 우리를 성당 앞에서 내려줬어요. 성당 앞에서 우리집까지는 한 200미터 걸어가야 했거든요. 보통은 집 앞에서 내려주는데 택시 아저씨가 "여기서부터는 걸어가셔야 됩니다" 그러더라고요.

당시에 우리집이 충장로에서 금방을 했어요. 조흥은행 근처에서요. 그리고 우리집은 백 제호텔 바로 앞에 있는 옛날 일본식 주택이었어요. 백제호텔 바로 앞에 철문이 있고, 철문 지나서 한 10미터 들어오면 우리집 현관문이 있었거든요. 그런데 아버지가 일찍 퇴근하시 고 들어오시면서 철문을 철사로 막 감으시더라고요. 왜 그러시냐고 물었더니 들어가 있으 라고만 하시더라고요. 그때 우리집은 일본식 집이었으니까 다다미가 깔려 있었어요. 창문 도 많고요. 아버지가 그 많은 창문을 전부 솜이불로 덮으셨어요. 그리고 그날 저녁에 아버 지가 이야기해주시더라고요. 총알이 못 뚫고 들어오게 이렇게 해둔 것이라고요. 정말 밤마 다 총소리가 들렸어요. 쫓고 쫓기는 소리도 들렸고요. 심한 소리가 나면 엄마는 제 귀를 막 으셨어요.

아침에 놀러나가려고 문을 열고 나가면 대학생 정도로 보이는 형들이 빨간 메가폰을 들고 뭐라고 막 방송을 하면서 지나갔어요. 연속 3일 정도 손수레에 시체 3~4구를 싣고요. 공통점이 시체가 하나같이 깨끗한 하얀색 팬티를 입고 있었다는 거예요. 다른 옷은 전혀 안입고요. 팬티만 입고 있었는데 그게 정말 새하얀 색이었어요. 물론 피가 묻어 있었지만요. 빨간 피가 흥건하게 묻어 있었어요.

그리고 한번은 아침에 놀러나가려고 대문을 당겼는데, 시신이 집 안쪽으로 푹 쓰러졌어요. 우리집 대문 앞에서 2~3명이 죽어 있었던 거예요. 진짜 놀랐고 엄청 무서웠어요. 얼른 아버지를 부르러 갔는데 몇 분도 안 돼서 대학생 형들이 손수레를 끌고 와서 싣고 갔어요.

그때는 어려서 철이 없었죠. 광주 공원에 친구들이랑 놀러갔는데 거기 탱크랑 헬리콥터가 있었어요. 군인들에게 가서 건빵을 달라고 해서 얻어먹기도 했어요. 어떤 때는 가면 굉장히 화를 내고 쫓아냈고 어떤 때는 가면 잘 주고 그랬어요.

그때 순회하는 코스가 거기 들렀다가 도청 앞으로 가는 거였어요. 상무관에는 관이 굉장히 많았어요. 할머니들이나 포대기에 아기를 싸매고 온 젊은 아주머니들도 봤어요. 가족들이 상복을 안 입고 있더라고요. 한눈에 봐도 집에 있다가 경황없이 오신 것 같았어요. 관이 나중에는 태극기로 덮여 있었는데, 처음에는 태극기도 없었어요. 소나무 널에 그냥 새끼줄로 묶여져 있었어요. 시신을 확인하기 위해 관뚜껑을 살짝 내려놓고요. 시신이 확인 안 된 관은 열어놓고 보호자가 있는 데는 덮여 있더라고요. 상무관 옆에 있던 남도예술회관 벽면에는 죽은 사람들의 이름이 적혀 있었어요. 끝도 안 보일 정도로 이름들이 적혀 있더라고요. 정확한 수는 모르겠지만, 어마어마한 수가 죽었다는 생각이 들었어요. 엄청나게 많은 사람들이요.

작은아버지가 우리 아버지랑 10년 차이가 나요. 그때 작은아버지가 안 보인다고 아버지가 큰일났다고, 걱정을 하시더라고요. 젊은 혈기에 휩쓸리신 것 같다고요. 그래서 제가 작은아버지를 찾으러 나갔어요. 금남로로요. 그 당시에 금남로에 뭐가 있었냐면, 아시아자동차에서 가지고 나온 버스들이 있었어요. 젊은 형들이 버스 유리창을 다 깨고, 버스에 올라가서 노래를 불렀어요. 어린 제 눈에는 그 광경이 재밌어 보였어요. 그래서 그걸 구경했었는데, 작은아버지는 그때 저를 보셨던 모양이에요. 저는 작은아버지를 못 봤는데요. 그때 작은아버지는 도청을 사수하겠다고 거기에 계셨다가 나중에 잡히셨다고 하시더라고요.

〈휴!〉, 30×45cm, 피그먼트 프린트, 2014

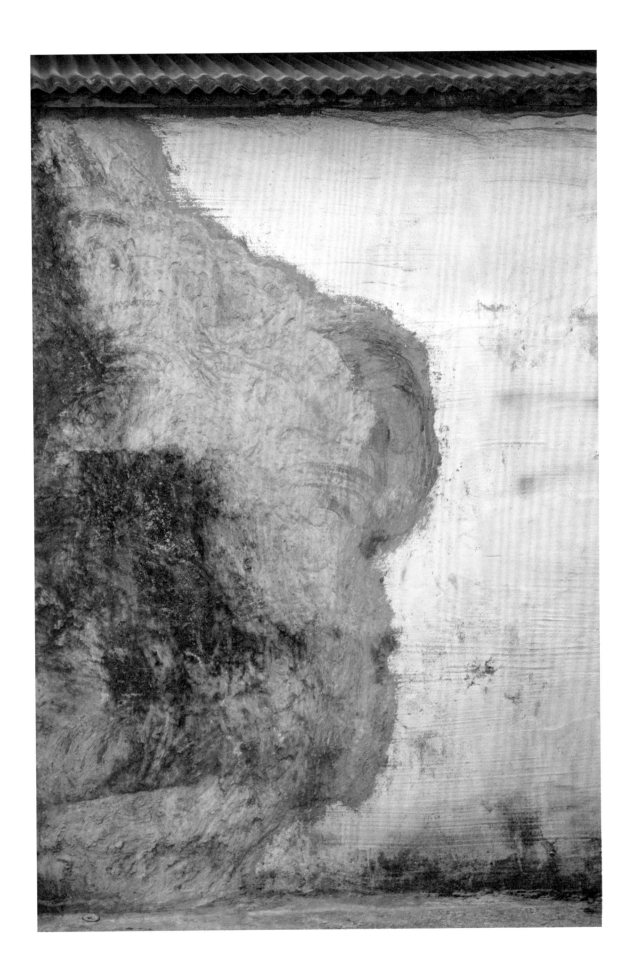

김옥희

(1980년, 11세)

초등학교 4학년이었어요. 양림동에 살았고 학강초등학교에 다녔어요. 도청에서 굉장히 가까웠죠. 걸어서 10분 정도? 아침에 학교를 갔는데 학교 문에 '휴교'라고 써져 있었어요. 신나서 집에 왔죠. 학교에 안 가도 되니까 얼마나 좋았겠어요. 그래서 며칠 집에서 놀았는데, 혹시 문을 열었을지 모른다고 고모가 제 손을 잡고 학교에 데리고 가셨어요. 그때 저는 할머니랑 고모랑 살고 있었거든요. 아무도 이야기를 안 해줘서 그 상황이 어떤 상황이었는지는 전혀 몰랐어요. 우리집에서 학교까지 5분 정도밖에 안 걸리는 굉장히 가까운 거리였어요. 그런데 집에서 나와서 학교로 가는데 도로 양쪽으로 각각 20명 정도의 전투군인들이 늘어서 있었어요. 얼굴에 헬멧까지 다 뒤집어쓰고 완전히 무장한 군인들이었어요. 그 군인들이 길에 쫙 깔려 있는데 우리가 그 사이를 지나갔어요. 그분들의 얼굴이 안 보이는데도 살기가 엄청 느껴졌어요. 그 군인들 사이를 걸을 때 마치 영화 속 슬로 모션처럼 시간이 느리게 갔어요. 진공상태 같은 느낌이랄까? 소름끼치는 느낌…… 고모는 결혼 안 한 처자였는데, 지금 생각해보면 그 순간에 무슨 일이 일어날 수도 있었겠구나 하는 생각이 들어서 무섭죠. 어쨌든 그 사이를 지나서 학교에 갔는데, 학교가 여전히 문을 안 열어서 다시 집으로 돌아왔어요. 물론 그때는 다른 길로 해서 왔어요.

그날 저녁에 총소리가 났어요. 그때 우리집은 양림동에 하나밖에 없는 초가집이었어요. 우물도 있고, 가마솥에 불을 때서 밥을 해먹는 집이었어요. 결혼 안 한 고모가 머무는 방은 집의 가장 안쪽에 있었어요. 문을 열고 들어오면 집이랑 부엌이랑 우물이 보이고, 문을 하나 더 열고 들어가야 고모가 사는 데가 나왔어요. 안채처럼. 겉에서 보면 잘 안 보였죠. 총소리가 들리니까 할머니가 고모랑 저랑 제 여동생을 그 방으로 보내셨어요. 그리고 솜이불을 세 개나 가져오셔서 솜이불을 뒤집어쓰고 나오라고 할 때까지 절대로 밖으로 나오지 말라고 하셨어요. 할머니는 일제 강점기 때 태어나셔서 6·25도 겪으셨으니까 총소리가 나면

이불을 뒤집어써야 한다는 걸 알고 계셨어요.

사실 우리 할머니는 사납기로는 동네에서 소문이 자자한 분이셨어요. 한번 싸움이 붙었다 하면 아무도 할머니를 못 이겼어요. 할머니는 원래 쌀장사를 하시다가 나중에는 한밭집을 하셨고, 그렇게 돈을 벌어서 혼자 힘으로 그 집을 사신 거예요. 친정엄마에 딸, 손녀 두 명을 혼자 먹여 살려야 했으니까 억척스러울 수밖에 없으셨겠죠. 그 집을 사고 나서 한밭집도 안 하고 수입이 점점 줄어드니까 일수도 하시고 집에 노름장을 여시고, 직접 노름도 하셨어요. 저는 당시에 경찰이 오나 안 오나 망을 봐야 했어요. 그때는 할머니가 너무나 창피했어요. 정말이지 할머니가 천하에 몹쓸 인간이라고 생각했죠. 그런데 어느 날, 대학생으로 보이는 사람이 우리집에 들어왔어요. 우리집에는 워낙 노름꾼들이 들락거렸기 때문에 저는 그냥 무심코 그 사람을 지나쳤어요. 그런데 그 사람이 데모하던 사람이었어요. 그래서 할머니가 그 사람을 하룻밤 숨겨줬어요. 그리고 그 사람이 갈 때 돈을 쥐여주셨어요. 나라를 위해서 훌륭한 일을 하는 데 보태 쓰라고요. 인간 말종이라고 생각했던 할머니가 그런 행동을 하시는 걸 보고 '할머니에게도 내가 모르는 면이 있구나!' 하는 생각을 했었어요.

강석

(1980년, 13세)

중흥동에 있는 효동초등학교에 다녔어요. 효동초등학교 뒤편에 6번 구도로가 있어요. 거기 살았는데 지금은 다 무당집이 되어 있더라고요.

우리집에서 5분 정도 올라가면 서방시장이 있어요. 밤에는 총소리도 나고 하니까 부모님들이 밖에 나가지 말라고 하셨지만, 학교도 안 가고 심심하니까 동네에서 친구들이랑 놀다가 서방시장까지 놀러간 적이 있어요. 그때 보니까 시장 상인들이 데모하는 버스나 트럭에 빵이나 먹을 걸 던져주면서 응원하더라고요.

저는 데모하는 시민군 버스에 올라탔어요. 같이 노래를 부르면서 서방시장에서 종점인 백운동 로터리까지 갔어요. 유리창 다 깨고 각목으로 차체를 두드리고 달리는 그 버스에 제가 그냥 혼자 올라탄 거예요. 진짜 재밌었어요. 가는 도중에 노래도 부르고 시장 상인들이 던져주는 빵이나 그런 것을 같이 나눠 먹고요. 종점인 백운동에 도착하니까 시민군들이 버스 유리창을 각목 같은 걸로 다 깨고 있더라고요. '왜 멀쩡한 버스 유리창을 깨지? 이 사람들 혹시 나쁜 사람들은 아닐까?' 하는 생각이 잠깐 들기도 했어요. 그래도 딱히 그 사람들이 무섭거나 하진 않아서 다시 그 버스를 타고 서방시장까지 왔어요. 그래서 저한테는 그 일이 그저 재밌는 기억으로 남아 있어요. 노래도 하고 맛있는 빵도 실컷 먹었던 기억으로요.

당시에 아버지는 남평 산포초등학교에서 근무하셨어요. 그런데 계엄군들이 들어오니까 광주 밖으로는 아무도 못 나가게 했나봐요. 그래서 아버지도 학교를 며칠 쉬셨어요, 그런데 어느 날 학교에 가셔야 할 일이 있다면서 자전거를 타고 나가셨어요. 그때는 버스가 안 다녔으니까요. 광주에서 나가는 길목을 군인들이 막고 있었는데, 시민군들이 광주 안에서 일어나는 일들을 밖으로 알려야 한다며 거기를 지나가려고 했나봐요. 시민군들이 오니까 갑자기 도로 양쪽 산 위에서 지키고 있던 군인들이 그 자리에서 시민군들을 사살했대요. 그 시신들이 널브러져 있는 걸 아버지가 목격하셨다고 하시더라고요.

62

김정중

(1980년, 13세)

수창초등학교를 다녔어요. 돌아다니면서 본 게 많아요. 우리집 근처가 일고 앞이었어요. 광주역도 10분 거리고 당시 버스 터미널도 가까웠어요. 친구들의 부모님들은 대부분 금남로에서 장사를 하셨던 분들이에요. 전대에 주둔해 있던 계엄군들이, 그때는 어디서 나타났는지도 몰랐지만 광주역을 거쳐서 유동삼거리에서 금남로를 쓸고 도청까지 올라갔어요. 내바로 앞에서 형들이 곤봉으로 두들겨 맞고 피를 흘렸어요. 계엄군들은 5~6명씩 몰려다녔는데, 계엄군들이 들고 있던 진압봉은 전에 본 거랑은 전혀 다른 거였어요. 경찰들이 들고다니던 것은 얇고 작았는데, 계엄군들이 들고 다니던 것은 크고 두꺼웠어요. 그걸 들고 "다죽여라!" 하고 소리치면서 뛰어다녔어요.

우리집이 북동사거리, 수창초등학교 후문 쪽인데 거기가 철공소들이 많았어요. 방앗간기계를 만들고 그런 일을 하는 곳들이요. 우리가 공돌이라고 하잖아요. 그런 형들이 동네에많았어요. 우리집 위쪽에 당구장도 있었는데 거기서 당구를 치고 있던 형들이 사거리로 끌려 나와서 많은 사람들 앞에서 개 잡듯이 맞았어요. 그걸 봤어요. 주변에 있던 어르신들이왜 죄 없는 사람들을 때리느냐고 하니까 계엄군들이 달려가서 그 어른들도 때렸어요. 그때새마을금고에서는 금고에다 형들을 숨겨주기도 했고, 문구점을 하던 우리집 안방에도 두명 정도를 숨겨줬어요. 계엄군들이 골목골목을 다니면서 젊은 사람들은 무조건 다 잡아갔어요. 그때 남방이 유행했어요. 하얀 남방이요. 공돌이 형들이 일하고 난 다음에 깨끗하게씻고 흰 남방에 기지바지 입고 나왔는데, 그 남방이 피로 물들 정도로 때렸어요. 그리고 개끌듯이 끌고 갔어요. 개 끌듯이요. 그렇게 끄집어 가서 금남로에 있는 트럭에 태웠어요. 그런 것들을 제가 다 봤다니까요. 그때 그런 생각을 했었어요. '어? 이 사람들은 우리나라 군인이 아닌가?' 하는 생각이요. 저는 그 사람들이 다른 나라 군인일 거라고 생각했어요. 우리나라 군인은 좋은 사람들이라고 배웠고, 그렇게 믿었으니까요.

우리집은 금남로 바로 옆에 이면 도로가에 있었는데, 계엄군이 도청 쪽으로 쭉 올라간 다음에 피를 철철 흘리는 사람들이 굉장히 많이 내려오는 거예요. 계속해서 내려왔어요. 무슨 일이 벌어지고 있는지 궁금했죠. 엄마는 못 나가게 하셨지만 전 나갔어요. 제가 보니까 고등학생 이상만 되면 보이는 대로 무조건 다 두들겨 패더라고요. 무조건! 길거리에 있는 사람들뿐만 아니라 근처 상점에 있는 사람들까지 모두 끄집어내서 어마어마하게 때렸어요. 때리는 정도가 이건 뭐…… 반항도 안 하고 아무것도 안 하는 사람한테…… 당구 치던 사람들이 뭘 하겠어요. 일방적으로 두들겨 패는 거죠.

　　어린 생각에도 '이 사람들은 나쁜 사람들이다. 진짜 나쁜 사람들이다!'라는 생각이 들었어요. 다른 건 모르겠지만 아무 죄 없는 사람들을 두들겨 패는 사람들이니까요. 게다가 그렇게 하지 말라고, 저 애들은 데모도 안 했고, 아무것도 안 했다고 말하는 어르신한테까지 욕을 하고 곤봉을 휘둘렀으니까요. 그런 걸 목격했으니 그 사람들은 나쁜 놈들이었죠. 군인이 아니라 그저 나쁜 놈들이었어요. 당시에 우리가 놀던 곳이 시내였으니까 친구들이랑 아무렇지도 않게 돌아다녔어요. 시내에 다니다보면 공짜로 밥을 줬어요. 주먹밥이나 빵 같은 걸 주니까 그거 먹는 재미로 돌아다녔었어요. 그리고 공용 터미널 앞에서였던가? 거기서 시체를 처음 봤어요. 리어카에 싣고 나오는 시체를 직접 봤죠. '사람이 죽으면 저렇게 되는구나!' 그런 걸 알게 됐어요. 그리고 도청 쪽으로 가니까 행방불명자가 굉장히 많은 것 같더라고요. 김내과 쪽이랑 바로 여기 벽면에 일본식 주택이 있었는데, 그 주택 벽면에도 쭉 사진이 붙어 있었어요. 내가 봤던 시체 같은 사진들이었어요. 전부 다 깨지고 터지고 목이 이만큼 잘려나간 사진들이었어요. 그런 끔찍한 사진들이 그대로 공개가 됐어요.

　　장갑차 안에도 들어가봤어요. 아저씨한테 물어봤더니 군인들이 놔두고 간 게 아니라고 했어요. 광천동에 가면 아시아자동차 공장이 있어요. 거기가 군수물자를 만들던 곳이었어요. 거기에서 장갑차 몇 대가 나왔던 걸로 기억해요. 장갑차가 금남로에 세워져 있으니까 그 안에 들어가서 구경도 하고 그랬어요. 시민군들이 가지고 있던 걸요. 그리고 도청 앞에서 총을 분배하는 것도 봤어요.

　　시민군들이 지나가면 길에 떨어져 있는 돌이랑 각목도 올려줬어요. 누가 제가 그러는 걸 보고 우리 어머니한테 일러서 그날 저녁에 굉장히 야단을 들었어요. 왜냐면 그때는 어디서 총을 쏜지도 모르게 사람이 죽는 일도 많았거든요. 헌혈하고 나오다가 총에 맞아 죽었다는 사람도 있었으니까. 호기심에 임동파출소 안에도 들어가봤어요. 총은 없고 빈 탄창들만 많이 있었는데 그걸 주워가지고 나왔다가 또 어머니한테 굉장히 욕을 먹었어요. 그래서 다시 그 자리에 갖다놓았어요.

당시에 그런 일도 있었어요. 차가 귀하고 많이 없을 때니까 시민군들이 보이는 차를 그냥 가지고 갔어요. 자기 차를 가지고 가도 주인들이 아무 말도 못 했죠. 우리 아버지가 그때 택시였는지 승용차였는지 하튼 차를 갖고 계셨어요. 길에 놔두면 무조건 차를 가지고 가버리는데, 그때 차마 안 준다고 말을 할 수가 없는 분위기였어요. "이 차 누구 거죠? 키 좀 주세요" 그러면 안 준다고 할 수 없는 분위기였어요. 빼앗는다는 개념까지는 아닌 것 같았지만 그래도 좀 강압적인 게 있었죠. 그래서 우리 아버지는 양조장에 차를 숨겨놨어요.

계엄군들이 도청 진입하는 날, 그날 저녁이 제일 무서웠어요. 라디오나 방송에서 계속 폭도를 진압하고 있으니까 절대 집밖으로 나오지 말라고 했어요. 총소리, 폭탄 소리가 어마어마하게 많이 났어요. 나는 그날 가게에서 잤는데, 우리집이 가게 건너편에 있었어요. 보통 아침 6~7시에 일어나서 집으로 아침밥을 먹으러 가는데 내가 가게 문을 딱 여니까 우리 어머니가 건너편에서 자지러지게 소리를 지르시더라고요. 문을 딱 여니까 총구가 제 눈앞에 있었거든요. 진압작전을 한 계엄군들이 길 양쪽 건물에 쫙 깔려서 붙어 있었는데 갑자기 문이 확 열리니까 저한테 총을 겨눈 거죠. 우리가 나올 시간이 되니까 건너편 집에서 이쪽을 보고 계시던 어머니가 그 장면을 보시고 자지러지듯이 소리를 지르면서 우리 아들이라고 소리쳤어요. 그게 기억나요. 그러고 난 다음에 그날 오후에 금남로에 나갔는데 일반 군인들이 사거리마다 초소에서 지키고 있었어요. 그 군인들은 이전에 왔던 군인들이랑은 다른 옷을 입고 있었어요. 그래서 우리가 물어봤어요. "아저씨, 이 총 진짜 나가요?" 그랬더니 그 군인들이 우리들한테 슬쩍 물어봤어요. "진짜 사람들을 그렇게 두들겨 패고 죽였니?" 하더라고요. "네, 아무 죄도 없는 형들한테 그렇게 했었어요. 아저씨, 그 사람들 우리나라 군인 아니죠? 아저씨들은 좋은 군인이죠?"라고 제가 되물었어요.

그리고 한 가지 더 기억나는 게 청소차가 왔어요. 그동안 청소차가 안 왔으니까 청소차가 왔다고 좋아했는데, 그 청소차 앞에 '시체 처리반'이라고 붙어 있었어요. 나중에 생각해보니까 그 차가 시체들을 싣고 망월동으로 간 그 차였던가봐요.

〈도망쳐!〉, 30×45cm, 피그먼트 프린트, 2015

63

송민주

(1980년, 13세)

그때 친구 집에 놀러갔었거든요. 친구 집은 서방이었어요. 그때 저는 시내에 있는 남동에 살았으니까 거리가 좀 멀었죠. 놀다가 집에 돌아오려고 버스를 기다리는데 분위기가 이상한 거예요. 웅성웅성. 주변에 어른들이 버스가 안 다닌다고 하더라고요. 어른들이 어디 가냐고 물으셔서, 도청 근처에 있는 우리집에 가려고 한다고 했더니 집에 못 갈 거라고 하시더라고요. 그래서 엄마한테 전화를 했는데, 엄마가 빨리 택시를 타고 오라고 했어요. 그래서 어떡하지 하고 서성이고 있는데 분위기가 술렁술렁하더라고요. 근데 마침 옆에 있던 경상도 아주머니가 저한테 어디 가느냐고 묻더라고요. 도청 근처에 있는 집에 간다고 했더니 자기도 그쪽으로 가야 된다고 같이 가자고 하시더라고요. 그래서 그 아주머니랑 같이 택시를 타게 됐어요. 택시를 탔는데 택시 아저씨가 하시는 말씀이 도청으로 들어갈 수 있을지 모르겠다고 하시더라고요. 그래도 일단 어린아이가 있으니 한번 가보자며 출발하셨어요. 택시를 타고 도청으로 오는데 이미 어두워져 있었어요. 도청에 분수대가 있잖아요. 그 분수대 쪽으로 막 들어왔는데, 완전무장을 한 군인들이 많이 있더라고요. 군복을 입고 총을 멘 군인들이요. 군인이 택시를 세웠어요. 택시를 세우고 다짜고짜 택시 운전사 아저씨를 내리게 하더니 이렇다저렇다 말도 없이 택시 운전사 아저씨 뺨을 사정없이 때렸어요. 죽고 싶어서 환장했냐고, 죽고 싶어서 지금 여기에 택시를 타고 들어왔느냐고 했어요. 그러니까 택시 아저씨가 아니, 어린아이가 집에 못 가게 돼서 데려다주려고 왔다고 사정을 이야기했어요. 그랬더니 지금 여기로는 못 들어가니까 돌아서 가라, 그러더라고요.

그때부터 제가 울기 시작했어요. 도청 분수대만 지나면 우리집인데 다시 천변 쪽으로 우회를 해서 돌아갔어요. 제가 택시 안에서 막 우니까 경상도 아주머니가 막 나무라시더라고요. 제가 우니까 자기도 더 겁이 난다고요. 아무튼 돌아왔는데도 결국엔 집 앞까지는 못 왔어요. 어디서 내렸는지는 정확히는 모르겠는데 택시 아저씨 하시는 말씀이 집 앞까지는 못 들어가니까 여기서 내려서 집까지 걸어가야 된다고 아주머니가 좀 데려다주라고 하시고, 아이는 돈을 안 받겠다. 아주머니한테만 택시비를 받겠다고 했어요.

아주머니 손을 잡고 집에 오는 길에도 군인들이 굉장히 많이 있었어요. 한번은 군인들이 못 가게 제지를 하더라고요. 그런데 군인이 마침 경상도 사람이었어요. 아주머니가 경상도 사투리를 쓰면서 집에 가는 길인데, 애를 데려다주려고 한다고 말씀하니까 그 군인이 같은 경상도 사람이라고 하면서 보내줬어요. 그 아주머니가 우리 엄마한테 애 때문에 자기가 엄청 많이 고생을 했다고 하셔서, 우리 엄마는 고맙다며 택시비를 그 아주머니에게 주셨어요. 그래서 그 아주머니는 택시비를 받아가셨죠. 그때만 해도 지역감정이 많았거든요. 그때 우리가 듣기에 일부러 경상도 군인들을 광주에 풀었다는 말이 많았어요. 근데 나는 우연치 않게 경상도 군인을 만났고, 그 아주머니가 같은 경상도 사람이라고 보내줘서 집에까지 무사히 올 수 있었죠.

그때 택시를 태워주셨던 그 아저씨의 얼굴도 기억이 안 나요. 뒷자리에 타고 있었으니까요. 사실 그 아주머니도 제가 아니면 택시를 타지 못했어요. 어린 저를 데려다주고 싶어서 택시 아저씨도 태워주신 거였으니까. 저로 인해 이유 없이 젊은 군인한데 뺨을 두 대나 정말 세게 맞은 그 아저씨에게 정말 감사하다는 인사를 전하고 싶어요.

그리고 바로 그다음날부터는 학교에 안 가도 된다고 해서 동네 친구들이랑 놀았어요. 며칠 지나고 그런 광경들이 펼쳐졌죠. 버스 유리창을 깨고 각목으로 버스를 두드리고 다니면서 구호를 외치고, 사람들이 치마폭에 싸서 돌 같은 걸 실어주고요. 골목에서 그런 모습을 구경하다가 탕! 하고 총소리가 나면 막 도망쳐서 숨었어요. 우리집으로 학생들이 도망쳐서 들어오기도 했고요. 우리집은 대로변이었기 때문에 밤이 되면 우리 가족들은 골목 안에 있는 이웃집으로 피신을 가서 자고, 저녁에는 아빠만 집을 지켰어요. 아빠는 솜이불을 뒤집어쓰고 집을 지키셨어요.

그때는 철이 없었어요. 집 앞에 전대병원이 있었는데 친구들이랑 시체를 보러 갔어요. 전대병원 앞뜰에 시체들이 쭉 놓여 있었거든요. 들것에 실린 채로, 어떤 남자 시신은 복부에 물이 차서 배가 불룩하게 불러 있었어요. 얼굴도 부어 있고요. 피가 범벅이 되어 있는 그런 시체들도 봤어요. 덮어지지도 않고 옷이 다 벗겨져 있었어요. 무섭고 징그럽고 그랬죠. 지금 생각해보면 그런 걸 보러 갔다는 게 황당하지만, 그때는 그게 내 죽음이랑 연결될 수 있다는 생각조차 못했어요.

우리 큰언니는 고등학생이었는데, 시민군들 차에 돌을 올려주고 그랬어요. 저도 언니 따라서 돌 같은 걸 가져다줬고요. 고등학생 정도면 그 정도 의식이 있었던 것 같아요. 생각해보면 앞서서 싸우는 사람도 있었지만, 그러지 않던 사람들도 최소한 돌멩이라도 가져다주는 정도는 했었던 것 같아요. 저도 언니 따라서 돌 가져다주고 탕! 소리가 나면 막 달려서 집으로 도망쳐오고 그랬으니까요.

64

주라영

(1980년, 8세)

기억이 잘 안 나요. 저는 1학년이었거든요. 뭘 판단할 나이는 아니죠. 그냥 감각으로 받아들일 나이니까. 전반적인 분위기만 느낄 뿐이었죠.

당시에 아빠랑 둘째 언니가 시민운동을 하러 나갔어요. 그래서 집안 분위기가 뒤숭숭했어요. 아빠는 원래 정의로운 분이셨고, 평생 야당을 지지하는 쪽이셨어요. 그런 분이셨으니까 아빠는 당연히 나가셨고, 둘째 언니는 고3이었는데 시위에 동참하겠다고 집을 나갔어요. 큰언니는 임신중이었고, 오빠랑 다른 형제들은 다 어려서 집에 있었어요. 저는 다른 건 기억이 안 나는데, 엄마가 "아휴, 큰일났다. 네 아빠 성격에 제일 앞장서실 건데, 무사히 돌아오실 수 있을지 모르겠고, 네 언니는 또 어디로 갔는지 알 수도 없으니……" 그런 걱정을 하시던 게 기억이 나요. 나중에 들어보니 우리집에서도 주먹밥을 만들었다고 하더라고요. 전 엄마가 걱정하시던 것만 기억이 나요. 가려진 유리창 틈으로 밖을 내다보곤 했는데, 그때는 무섭다는 생각은 안 들었어요. 어렸으니까요. 그저 눈앞에 새로운 장면이 펼쳐지니까 신기하게 내다봤어요. 그때 남광주시장 주변에 살았는데 큰 도로 옆이었거든요. 원래 시끄럽고 차도 많이 다니는 곳인데, 평소와는 달리 차가 안 다니고, 사람들이 추웠는지 장작불을 피우고 있었어요. 어쩌면 불이 난 거였는지도 몰라요. 그리고 생각해보니까 한쪽에서는 불이 나고 있었던 것도 같아요. 너무 조용해서 묘한 분위기였어요. 가끔 총소리가 나고. 너무 조용한 해서, 기묘한 정적이었다는 것 말고는 별로 기억이 안 나요. 다만 무엇 때문인지는 몰라도 감정적으로 무서워했다는 그런 것들만 잔상처럼 남아 있어요.

전체적인 기억은 없어요. 창밖으로 탱크 같은 게 지나갔던 것도 같고, 아주 큰 트럭이었는지 그런 게 지나가는 것도 보긴 했는데, 사람이 죽고 그런 건 못 봤어요. 그저 한 장면 한 장면 스쳐지나가는 기억으로 남아 있고 엄마가 걱정하시면서 하시던 말씀만이 생생하게 기억이 나요, "아빠 돌아가시면 안 되는데……" 하시던.

〈빨갱이, 새끼들〉, 30×45cm, 피그먼트 프린트, 2015

65

강혜련

(1980년, 13세)

남성부락에 살았어요. 기아자동차 담벼락 뒤편인데, 동으로는 내방동이에요. 시간이 지나서 잔잔한 것들은 다 잊히고 강렬한 것들만 남아 있어요. 당시의 사진 같은 것들을 보면 그제야 기억이 나고요.

그 시절에 광주에 사는 집이 우리뿐이어서, 시골에 사는 친척들이 광주로 대학을 오면 다 우리집으로 왔어요. 그때 우리집에서 외삼촌이랑 사촌 오빠가 대학을 다니고 있었는데 그날 둘이 집에 안 들어와서 난리가 났어요. 다음날 가족들이 다 같이 찾으러 광주역으로 갔는데, 길에 군인들이 총을 들고 쫙 깔려 있더라고요. 그때 시체도 보고 그랬어요. '전쟁이 일어났구나!' 생각했죠.

타고 갔던 버스가 어느 정도 가다가 더는 못 간다고 했어요. 주변 분위기도 심상치 않으니까 엄마만 광주역으로 가고 나랑 다른 가족들은 신안동쯤에서 되돌아왔어요. 그날 엄마가 외삼촌이랑 사촌 오빠를 찾으러 다니시다가 눈에 최루탄을 맞으셔서 다치셨어요. 지금은 이렇게 이야기할 수 있지만 그때는 정말 너무너무 심각했어요. 엄마는 그렇게 다치시고도 내내 외삼촌이랑 사촌 오빠가 죽었는지 살았는지도 모른다면서 가족들을 찾아 헤맸거든요. 시체라도 찾으신다고 상무관까지 가시기도 했어요. 나중에 보니까 외삼촌이랑 사촌 오빠는 산을 타고 넘어가서 광주 밖으로 피신했었다고 하더라고요.

아시아자동차 앞에서 친구들이랑 앉아서 공기놀이를 하고 있었는데 아시아자동차에서 차가 계속해서 나오는 거예요. '왜 차가 저렇게 많이 나오지?' 이상했지만 위험하다는 생각은 안 들었어요. 전쟁이 난 것 같은 분위기는 전혀 아니었거든요. 그러니까 태연하게 앉아서 공기놀이를 했죠. 그래도 뭔가 이상하긴 했어요. 아시아자동차는 당시 군용차를 납품하는 곳이라 군 트럭이나 장갑차 같은 게 나오는 게 이상한 일은 아니었지만, 그걸 일반인들이 몰고 나오면서 차를 막 두드렸으니까요.

그중에는 남중이나 남고생 오빠들도 있었어요. 어른들이랑 섞여 있어도 고등학생은 교련복을 입고 있으니까 한눈에 고등학생이라는 걸 알 수 있었죠. 중학생들은 교련복을 안 입었지만, 아무리 키가 커도 머리가 짧으니까 티가 났고요.

아시아자동차에서 나오는 차에는 글씨도 써져 있었고, 그 차에 탄 사람들은 "전두환 물러가라, 물러가라" 노래 부르면서 차를 두드렸어요. 우리는 아무 생각도 없이 그 노래를 따라 부르면서 공기놀이를 했죠. 전두환이 누군지는 모르지만 사람들이 물러가라고 하는 걸 보니까 나쁜 사람인가보다 했어요.

우리집은 그때 새마을 구판장이었어요. 지금으로 치면 슈퍼죠. 우리집 건물 2층에 노인정도 있고 해서 우리집이 마을에서 사랑방 역할을 했어요. 그때 어른들은 우리집에 모여서 주먹밥을 만드셨어요. 어른들이 하시는 이야기를 들었는데 우리가 완전히 고립되었다고 하더라고요. 엄마가 다쳐 오시기도 했고, 총소리도 심해지고 하니까 뭔가 일이 벌어지고 있다는 걸 알 수 있었어요.

내 판단으로 전기가 안 들어오고, 수도가 끊기고, 버스도 안 다니고, 학교도 안 가고. 그럼 이건 분명 전쟁인 건데, 전쟁이면 위험해야 하잖아요. 그런데 아무도 피난도 안 가고 우리끼리 있으면 평화로운 거예요. 만약에 정부에서 말하는 것처럼 우리가 모두 폭도면 우리끼리 있을 때 위험해야 하는 거잖아요. 그런데 모든 생필품이 다 있는 슈퍼인 우리집은 문을 활짝 열어놓고 있는데도 도둑도 안 들었단 말이죠.

더군다나 우리한테 빨갱이라고 하니까 그게 제일 이해가 안 됐죠. 우리가 학교에서 배운 공산당은 머리에 뿔이 났다고 했는데, 그래서 반공 포스터 그릴 때 도깨비 뿔도 그리고 꼬리도 그리고 방망이도 그리고 했어요. 때려잡자고 쓰기도 하고. 그게 빨갱이인데 우리한테 빨갱이라니 그게 제일 이해가 안 됐어요. 우리는 빨갱이가 아닌데 정부에서 왜 그러지? 그때 알았죠. 정부의 말이 다 맞지는 않다는 걸. 정부도 잘못된 말을 할 수 있다는 걸요.

김현대

(1980년, 12세)

상무대 후문 쪽에 살았어요. 그래서 직접적으로 본 건 별로 없어요. 총소리 같은 것도 안 났고요. 군부대 바로 앞이라 시민군들이 접근을 못 했죠.

잡혀가는 사람들은 많이 봤어요. 군인 트럭 뒤에 사람들이 짐짝처럼 실렸더라고요. 엄청 많은 사람들이요. 군부대에서 나오는 사람들도 있었는데, 그 사람들은 걸어서 나왔어요. 얼핏 봐도 몸이 성한 사람이 거의 없었어요. 목발 짚고 나온다든지 서로 부축해서 나온다든지 했죠. 매일 그렇게 다친 사람들이 나오니까 '저 사람들 왜 저러지? 왜 저렇게 다쳤지?' 그런 생각이 들었어요. 아무래도 좀 무서웠죠.

어른들은 밖에 나가지도 못하게 하셨어요. 안 보이면 곧바로 찾으러 다니시고요. 그 근처가 다 야산이고 항상 거기서 놀곤 했었는데, 그때는 애들이 잠깐만 안 보이면 어른들이 이 동네 저 동네 찾으러 다니셨죠.

정영남

(1980년, 13세)

내방동에 살았어요. 그때는 거기를 잿등이라고 불렀어요. 잿등에서 시민들이 군인들이 광주로 진입하는 걸 반대했어요. 사람들이 도로 위에 서 있기는 했지만, 데모라고 하기에는 모두가 질서 있게 행동했어요. 나도 그 자리에 같이 나갔다가 최루탄을 맞았어요. 하얀 연기 같은 게 날아왔는데 그게 최루탄이었어요. 난생처음 보는 거였죠. 매워서 우니까 옆에 아주머니가 물을 주시면서 얼굴을 씻으라고 하셨어요.

생각해보면 지금 상무지구가 그때는 상무대였는데, 거기에서 군인들이 나오니까 못 나오게 하려던 거였나봐요. 군인들이 차를 타고 나왔는데 시민들이 더는 못 가게 몸으로 저지하니까 군인들이 그냥 되돌아갔어요. 처음에 군인들이 최루탄을 쏘면서 강경하게 했는데, 그래도 시민들이 계속 진입을 못 하게 막으니까 그냥 철수한 거예요. 그때 나온 사람들은 거의 동네 주민들이었어요. 나 같은 아이들도 많았고요. 어떤 위협이 없었기 때문에 구경 삼아서 나온 사람들도 있었고요.

그 이후에는 부모님이 집밖으로 못 나가게 하셨어요. 아버지가 밖에 나가셨는데 군인들이 총을 마구잡이로 쐈대요. 아버지 앞에 가던 사람들이 총에 맞고 쓰러졌다고 하셨어요. 아버지는 놀라서 타고 나가셨던 자전거도 버리고 도망쳐 오셨어요. 아버지가 "절대로 밖으로 나가지 마라. 지금 군인들이 사람들한테 무자비하게 총을 쏘고, 내 앞에 가던 사람도 총에 맞고 피 흘리고 죽어버렸다"라고 하시던 게 기억나요.

총소리가 많이 났어요. 아버지 말씀으로는 길가에 사는 사람 중에서 고개를 내밀고 밖을 쳐다봤는데 군인들이 막 쏴버려서 아버지 아시던 분들도 돌아가시고 그랬대요. 다행히 우리집은 도로에서 두 블록 정도 안에 있어서 그런 피해는 없었어요.

〈어떡하지?〉, 30×45cm, 피그먼트 프린트, 2015

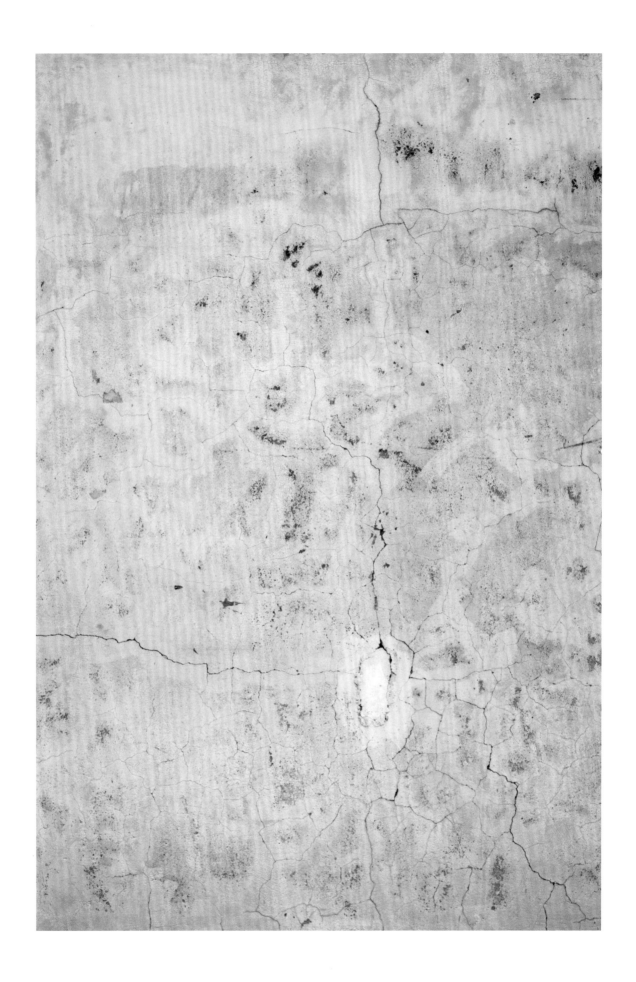

68
정종민

(1980년, 13세)

쌍촌동에 살았어요. 지금으로 치면 상무 현대힐스테이트 자리가 집이었어요. 거기가 당시에는 상무대 후문이었어요. 아버지가 당시에 부사관 출신의 직업군인 신분이었거든요.

그때는 어려서 학교 안 갔다는 것만 기억나요. 아버지도 특별히 무슨 말씀이 없으셨고요. 가급적 집 근처에 있으라는 말 정도만 하셨어요. 아버지도 정상적으로 출퇴근하셨고요. 우리집은 상무대 바로 앞이어서 사람들 왕래도 거의 없었어요. 차가 왔다갔다한 것 빼고는 별로 본 게 없어요.

하형우

(1980년, 13세)

쌍촌동 신학대학 앞에 살았어요. 지금으로 치면 쌍촌역 앞이죠. 처음에는 군인들이 도로를 잘라내버리더라고요. 멀쩡한 도로를 2미터 정도 파내버렸어요. 차가 상무대쪽으로 못 넘어가게요. 그렇게 도로를 자르고 며칠이 지난 후에 군인들이 방송을 하기 시작했어요. 군인들이 광주 시내 방향인 화정동 쪽으로 가겠다고요. 그러니까 민간인들은 모두 집으로 들어가라고 했어요. 그래서 집에 있었지요. 그때 총소리가 '빠방' 났어요. 어떤 동네 주민이 집밖으로 나오지 말라고 하니까 옥상에 널어둔 빨래를 얼른 걷어오려고 나갔다가 총에 맞아 돌아가셨어요. 그런 식으로 우리 동네에서만 3명이나 돌아가셨어요. 지금 그분들 이름은 기억이 안 나지만, 같은 동네 사람들이니까 얼굴을 알 만한 분들이셨죠. 지금 동네에 가서 물어봐도 어른들은 다 아실 거예요.

그리고 우리집이 도로변에 있었는데, 큰길가는 아니고 한국병원으로 들어가는 그 길이었거든요. 우리는 1층에서 가게를 하고, 2층에서 살았는데 갑자기 무장공비가 나타났다는 소리가 났어요. 그리고 군인들이 쫓기 시작하더라고요. 그런데 갑자기 군인들이 우리집을 포위하고 나오라고 소리치기 시작했어요. 누군가를 쫓고 있었는데 그 사람이 우리집으로 들어갔다고 생각했던가봐요. 군인들이 그때 우리집에 있던 손님을 자기들이 쫓고 있던 사람으로 오해해서 그대로 잡아가버렸어요. 무장공비가 나타났다는 소리에 우리도 무서워서 얼른 집밖으로 피신했었는데, 그 손님도 그 소리를 듣고 가게 밖으로 뛰쳐나왔거든요. 근데 갑자기 자기를 쫓으면서 엎드리라고 하니까 시키는 대로 엎드리고 그렇게 그대로 잡혀가버린 거예요.

다행히 며칠 후에 그 손님이 왔다갔다고 하더라고요. 조사해도 아무것도 안 나오니까 풀려났던 모양이에요. 우리는 그런 것도 모르고 무장공비가 혹시 뭔가 흘리고 간 걸 찾으면 포상을 받을 수도 있다고 해서 가게를 샅샅이 뒤지고 야단이었어요.

문영란

(1980년, 13세)

양산초등학교 6학년이었어요. 학교를 안 가서 좋았죠. 학교에서 따로 연락이 온 건 아니었고 마을 방송에서 휴교한다는 안내가 있었어요.

양산동이 당시에는 논, 밭이 많은 시골이었어요. 도로가 지금처럼 많지는 않았는데, 큰 도로에는 트럭들이 자주 다녔어요. 트럭에 사람들이 타 있었는데, 앉아 있는 사람들보다 서 있는 사람들이 많았어요. 몽둥이라고 해야 하나? 차에 탄 사람들이 쇠파이프 같은 걸 들고 서 있었어요. 보통은 자가용이나 버스가 다니는데 그런 트럭들이 다니니까 좀 이상하기도 하고 무서웠어요. '왜 저 사람들은 저런 걸 들고, 앉지도 않고 서 있을까?' 하는 생각을 했죠. 친구들은 그 트럭에서 맛있는 걸 나눠줘서 좋았다고 했는데 저는 그런 걸 받거나 하진 않았어요. 그저 무섭다는 생각만 했어요.

윤세영

(1980년, 8세)

저는 어릴 적에 병약했어요. 코피도 많이 흘리고 자주 쓰러졌어요. 그렇게 약한 애가 혼자 걸어서 멀리 있는 초등학교에 다녀야 한다는 것 자체가 엄청난 두려움이었어요.

당시에 농성동 로터리 근처에 살았는데, 삼촌들이 거기서 항상 집결해 있었어요. 처음에는 그냥 모였는데, 나중에는 트럭을 타고 모였어요. 혼자 다니던 길인데 무서워서 동생이랑 손잡고 가면 삼촌들이 위험하다고 빨리 집으로 들어가라고 했어요. 그 기억이 굉장히 또렷해요. 언젠가는 그분들이 우리집으로 피신을 오기도 했어요. 그때 우리 할아버지가 재워주시기도 하셨고요. 당시에 충장로나 금남로에 사시던 친척들이 우리집으로 피난을 오시기도 하셨어요.

병약해서였는지 그런 상황들을 굉장히 민감하게 받아들였던 것 같아요. 혼자 있는 시간들도 많아서 혼자 생각도 많이 했어요. 어렸지만 뉴스가 사실과 다르게 보도되는 걸 보면서 여러 가지 생각이 들었고요.

〈용기〉, 30×45cm, 피그먼트 프린트, 2014

박국희

(1980년, 10세)

당시에 시내 한복판에 살았어요. 구시청 사거리에 있는 주택가예요. 그때 앞집 아저씨랑 뒷집 아저씨가 돌아가셨어요. 그분들 말고도 우리 동네분들이 많이 돌아가셨어요. 상황이 심각했어요. 옥상에서 구경하다가 총 맞아서 돌아가신 할아버지도 계셨고요. 그때는 옥상으로 가는 계단에서 보면 옆집이랑 골목이 훤히 다 보였는데 엄마가 거기도 못 올라가게 하셨어요. 그 할아버지가 돌아가신 후로는요.

도청 쪽에서 총소리가 많이 났어요. 따당따당따당, 콩 볶는 소리처럼 났어요. 밤에만 난 게 아니라 낮에도 마찬가지였어요. 엄마가 목화솜이불로 벽도 다 막고, 이불도 뒤집어쓰고 자게 하셨어요. 밖에도 못 나가게 하셨고요. 그래도 한번 나가봤는데 고장 난 버스들이 도청에 서 있었어요. 무섭기는 했는데 어렸으니까 상황이 얼마나 심각한지 그런 걸 자각하지는 못했죠. 어느 시점부터 청년들이랑 군인들이 싸우기 시작했어요. 그때 동네 아주머니들이 우리 옆집에 모여서 큰 고무 대야에서 주먹밥을 만드셨어요. 맛소금을 뿌려서. 그때 가서 그거 얻어먹었던 것도 기억나요. 근데 그 주먹밥은 군인들을 위한 주먹밥이 아니라 시민군들을 위한 주먹밥이었어요. 왜냐하면 공수부대인지 뭔지 하는 군인들이 왔는데, 우리나라 군인이면 우리를 지켜줘야 하잖아요. 그런데 우리를 해치니까 시민들 입장에서는 스스로를 보호해야 했던 거죠.

당시 우리는 복서견이라는 독일 투견을 키웠어요. 이름이 존이었는데, 그때 존이 새끼를 낳았어요. 엄마가 개집도 이불로 싸주고, 새끼들은 방으로 데리고 들어와서 이불 담요로 싸줬어요. 총소리가 너무 많이 났으니까요.

우리는 밖에 못 나가게 하셨고, 아빠는 나갔다 들어왔다 하셨는데, 한번은 아빠가 신발을 한 짝 잃어버리고 들어오셨어요. 도망쳐오다가 잃어버렸다고 하시더라고요. 그리고 아버지 후배였던 삼촌 한 분은 다리에 총을 맞기도 하셨어요.

박상순

(1980년, 8세)

저는 구시청 사거리에 살았고, 서석초에 다녔어요. 그래서 학교 끝나면 항상 도청 앞으로 해서 집으로 걸어와야 했어요. 어느 날 도청 앞에 군인들이 있었어요. 그때 군인들이 가지고 있던 수류탄도 구경하고 했는데, 그날 이후로는 학교에 못 갔어요.

집이 도청 바로 뒤니까 총소리가 엄청나게 들렸어요. 당시에는 높은 건물이 없어서 사직 공원 동물원에 있는 사자가 "어흥, 어흥" 하는 소리도 다 들렸으니까요. 새벽에 호랑이나 사자가 울면 우리집까지 그 소리가 들렸어요. 어쨌든 총소리가 많이 나니까 엄마가 방 벽에 솜이불을 몇 겹씩 해서 다 걸었어요. 목화솜으로 만든 이불이요. 잘 때도 이불을 뒤집어쓰고 잤어요.

또 어느 순간부터 전화가 안 됐어요. 외부로 나가지도 들어오지도 못한다고, 6·25보다 상황이 더 심하다고 어른들이 그랬어요.

또 한 가지 기억나는 건, 그 여자분 목소리예요. "광주시민 여러분~" 이렇게 시작하던 목소리요. 차를 타고 돌아다니면서 확성기로 말했어요. 우리 젊은이들이랑 학생들이 쓰러져 가고 있다고 울면서 방송했어요. 밤이나 새벽에요.

그 당시에는 원래 통금이 있었어요. 밤에는 밖에 못 돌아다녔는데 밤에 집 앞 골목길에서 후다다닥, 도망가는 그런 소리들도 들렸어요.

〈탕!〉, 30×45cm, 피그먼트 프린트, 2014

74
김보수

(1980년, 11세)

그때는 어렸으니까 시국을 아나요. 그냥 구슬치기나 하고, 어떻게 하면 개구리를 잡아서 구워먹을까 하는 생각들뿐이었죠. 북구청 근처에 살았으니까 전대가 지척이었는데 그 시절에는 거기가 죄다 논이었어요.

대학생 형들이 엄청나게 우리 동네로 도망쳐왔던 게 기억나요. 계엄군들이 쫓아와서 몽둥이찜질을 했어요. 그 트라우마가 상당히 커서 지금도 개구리복을 입은 사람을 보면 기분이 안 좋아요.

학교를 안 가니까 우리는 그저 신났죠. 어떤 아이들은 군인들한테 별사탕이랑 건빵을 얻어먹었다고 자랑했어요. 전남대학교 안에 군인들이 얼마간 들어와 있었는데, 여자아이들이 가서 그 앞에서 노래를 불러주고 별사탕이랑 건빵을 얻어먹었다고 했어요. 그때 군인들이 초등학교 3~4학년 되는 여학생들이 노래 부르면 귀여워하면서 먹을 것을 주고, 남자아이들이 오면 "가!" 하면서 쫓아냈어요. 그래서 여자애들이 건빵이랑 별사탕 들고 자랑했어요. 처음에는 군인들이 그렇게 안 무서웠거든요.

당시 아이들이 군인들을 두 종류로 구별했어요. 덜 무서운 군인, 더 무서운 군인. 민무늬로 된 국방색 옷을 입은 군인들은 안 무서운 군인 아저씨들이었고 얼룩무늬 옷을 입은 군인들은 무서운 아저씨들이었어요. 개구리복 입은 아저씨들이요.

군인들이 학교에서 사라지니까 대학생들이 선전전을 하고 다녔어요. 대창운수 버스를 탈취해서 창문을 다 깨고, 구호를 외치면서 선전을 하고 다녔어요. 그 형들을 따라다니면서 빵 같은 걸 얻어먹었어요. 그때 우리는 누가 얼만큼 얻어먹었느냐가 뉴스였고 자랑거리였어요. 고생한다고 주민들이 우유랑 음료수, 보름달 빵 같은 걸 그분들한테 줬어요. 동그랗게 생긴 보름달 빵은 가운데 하얀 크림이 들어 있었는데, 정말 최고로 맛있었어요. 여하튼 그분들은 그걸 다 못 먹으니까 초등학생들에게 다시 나눠주곤 하셨어요.

학생들이 북구청 자리에 소방차를 끌고 왔는데 운전이 미숙해서 그랬는지 어쩌지 못하고 그대로 버리고 갔어요. 우리들은 평소에는 구경도 못 해본 신기한 차라서 신나서 올라타고 거기서 열심히 놀았어요. 며칠 후에 누군가 끌고 가버리기 전까지는요.

계속해서 흉흉한 소문이 들렸어요. 공수부대가 아이들에게 이랬다, 임산부에게 저랬다 하는 식의. 고등학생을 둔 집의 부모님들은 자식들 단속하기 바빴어요. 우리 같은 꼬맹이들은 잡아둔다고 잡혀 있지도 않고, 아무것도 모르니까 그냥 놔뒀지만, 우리 어머니도 큰형, 작은형은 집밖으로 못 나가게 감시하셨어요.

헬기에서 삐라를 뿌리고 방송도 하고, 밤마다 여성 선전대원의 목소리가 들리고 했어요. 시내에서 떨어진 곳이라 총소리나 이런 게 정확하게 들리지는 않았고요.

당시에 아버지는 교사였는데, 수시로 어딘가를 나갔다 오셨어요. 제일 기억에 남는 것은 진압 당일 아침이에요. 아버지가 자전거 뒤에다 나를 태우고 도청에 나가셨어요. 금남로에 사람이 한 사람도 없었어요. 그 적막한 풍경이 강렬한 기억으로 남아 있어요. 지금 생각해보면 진압이 끝난 직후였던가봐요. 그 넓은 금남로에 개미 새끼 한 마리도 없었어요. 그 길을 아버지 자전거 뒤에 타고 달렸어요. 말로 표현할 수 없지만 묘한 냄새의 공기가 있었어요. 정말 묘한 냄새. 그때 YMCA 근처에 수협이 있었는데, 수협 앞에 공중전화 부스가 있었어요. 아버지가 거기로 가서 총알 자국을 보여주셨어요. "이게 총알 자국이야"라고.

우리집에서 도청에 갔다가 광주역을 거쳐서 집으로 돌아오는 코스였어요. 지금 롯데백화점 근처를 지나는데, 그때는 거기가 터미널이었거든요. 다 타고 재만 남은 자동차들이 엎어져 있고 난리가 나 있었어요. 자동차 여러 대가 뼈대만 남아 있었고요. 광주역 앞에도 사정이 다르지 않았죠. 차들이 엎어져 있고 난리가 나 있었어요. 터미널보다는 적은 수였지만요. 한 6~7대 정도?

그런데 광주역 앞에 사람이 한 명도 없는데 어떤 아주머니 한 분이 장사를 하고 계시는 거예요. 번데기랑 오징어랑 그런 걸 파는 분이셨어요. 우리 아버지가 하신 말씀이 기억이 나요. "이 난리 통에 장사한다고 나왔소?" 아버지 말씀을 들으시더니 아주머니께서 "난리 다 끝났답디다" 그러셨어요. 우리 아버지가 들으시더니 웃으시더라고요. 진압이 다 끝났고 광주 시민들은 생업에 종사하라고 방송이 나왔던 모양이에요. 그걸 듣고 부지런히 나오신 거였죠. 착한 시민은 그렇게 해야 하니까요.

〈축제 아닌 축제〉, 30×45cm, 피그먼트 프린트, 2014

75

오진하

(1980년, 11세)

4학년이었어요. 어느 날 갑자기 TV가 안 나왔어요. 저는 TV를 굉장히 좋아했고, 만화영화는 꼭 봤어야 했는데! 기분이 진짜 안 좋았어요.

첫 기억이 어떤 거냐면, 갑자기 골목에 굉장히 많은 사람들이 시끄럽게 오갔던 장면이에요. 옥상에 올라가서 무슨 일인지 물어봤는데, 동네 어른들이 그러시는 거예요. 젊은 애들을 빨리 숨기라고요. '왜 그러지?' 했는데 우리 뒷집이 난리가 났어요. 우리 뒷집에 사는 오빠가 대학생이었는데, 장남이고 공부도 잘하는 귀한 아들이었어요. 그 오빠를 갑자기 어디로 숨겨야 하냐고 야단이 난 거죠. 결국 그 오빠는 우리집 지붕 위에 숨었어요. 기왓장 위에요. 그게 너무 무서웠어요. '왜 우리가 뭔가를 숨겨야 하는 일이 생긴 걸까?' 무슨 일이 일어났는지는 몰라도 무서웠어요. 그후로 오빠가 다시 내려왔는지 어쨌는지는 기억이 나지 않는데, 기왓장 밑에 숨어서 사람들에게 보이지 않게 누워 있었던 게 기억나요.

그리고 이불을 준비했던 게 기억나요. 우리집은 옛날 한옥이 쭉 늘어서 있는 골목에 있었어요. 우리 아빠는 멀리서 농장을 하고 있었고요. 비아 근처에서요. 그때는 비아가 광주가 아니었어요. 그래서 아빠가 집에 못 오셨어요.

우리집에는 엄마랑 초등학교 5학년인 오빠랑 저보다 3살 어린 남동생이 있었는데, 그때는 한옥이어서 전부 창호지로 된 문이었어요. 엄마가 크고 두꺼운 솜이불을 꺼내서 창과 벽을 다 막으셨어요. 집이 온통 캄캄하니까 왜 이렇게 하냐고 물었더니 총알이 날아오면 벽을 뚫고 들어오기 때문에 총알이 못 들어오게 막아야 된다고 하시더라고요. 그래서 무서웠어요. '총알이 날아오는 일이 정말로 생길까?' 그렇게 이불을 해놓고 지낸 게 한참이었던 것 같아요.

총소리를 많이 들었어요. 엄청 큰 소리였어요. 상상하는 것보다 훨씬 큰 소리, 벼락같은 소리였어요. 마른 소리로 땅! 땅! 울리더라고요. 실제로 벽을 뚫고 들어올까봐 서로 꼭 붙어서 웅크리고 잤던 기억이 있어요.

그다음 기억은 우리가 큰댁으로 갔던 거예요. 한참 시간이 지나도 아빠가 계속 안 들어오셨어요. 엄마는 우리를 데리고 월산동에 있던 큰댁으로 갔어요. 지금 생각해보면 피난을 간 거죠. 큰댁은 가족이 많았어요. 할머니, 할아버지, 큰아빠, 큰엄마 그리고 사촌이 4명이 있었으니까요. 아침에 마루에 앉아서 같이 밥을 먹을 때 오갔던 대화들이 생각나요. 할머니, 할아버지랑 큰아빠는 방에서 드시고 우리는 마루에 앉아서 먹었는데 그러시는 거예요. "예전에 데모하고 그랬던 녀석들, 헬기가 떠서 사진 찍힌 애들은 다 잡혀갔다고 하더라." 그때 우리 사촌 오빠가 고등학생이었는지 중학생이었는지 기억이 잘 안 나는데, 아마 그걸 했었나봐요. 그래서 그때 큰 아빠한테 엄청 혼났던 기억이 나요. 밥상머리에서 "이 망할 놈, 너 때문에 우리 집안 망한다. 너 꼼짝도 하지 말고 밖에 나가지도 말고 집에 있어라" 하셨어요. 저는 어린 마음에 '아, 그렇게까지 우리나라 카메라 기술이 발달했나?' 생각했어요. '어떻게 비행기에서 찍은 걸로 사람들을 다 알아보고 집으로 찾아올 수 있지?' 무섭고 놀랍다는 생각을 했어요.

그리고 얼마 후 집에 다시 돌아왔어요. 그때는 엄마가 가끔 낮에 오빠를 데리고 어디를 나가셨어요. 남동생이랑 저는 집에 있었는데, 누가 야쿠르트를 많이 가져다주셨어요. 상할지 모르니까 먹어야 한다고 동네분들 중에 누가 야쿠르트 아줌마를 하셨는지 어쨌는지는 기억이 나지 않지만 많은 사람들이 그걸 얻어다가 나눠먹곤 했어요. 방안에서 그걸 까서 먹고, 남은 거는 빨대로 다섯 개씩 꽂아 먹고 하는 놀이를 했던 것 같아요. 엄마가 안 계시니까 점심을 먹기도 힘들었거든요. 한참 기다리면 오빠랑 엄마가 오후 4~5시 넘어서야 집에 돌아왔던 기억이 몇 번이나 있어요. '왜 오빠만 데리고? 어디를 가는 걸까?' 생각했었는데, 나중에서야 알게 됐어요. 몇 살 때였는지는 모르겠지만 꽤 커서요. 그때 집에 오려고 산을 넘어 광주로 들어오던 사람들이 많이 사살당했대요. 그래서 혹시나 아빠가 집으로 오시려다 총에 맞아 돌아가신 건 아닌지, 도청이나 어디에 안치되어 있는 시신들 중에 아빠가 있는 건 아닌지 해서, 엄마랑 오빠가 시신을 확인하고 다녔다는 이야기를 나중에서야 듣게 됐어요. 굉장히 마음이 안 좋았어요. 우리 오빠도 어린 나이였는데…… '정말 무서웠겠다'는 생각이 들었어요. 엄마는 내 눈에는 어른으로 보였으니까 뭐 그럴 수도 있겠지만, 오빠는 나랑 겨우 한 살 차이고, 나랑 별반 다를 것 없는 아이였는데…… 장남이라고 엄마 손을 잡고 아빠 시신을 찾으러 다녔을 걸 생각하니까 엄청 마음이 아프더라고요. 다행히 우리 아빠는 모든 일이 다 끝나고, 언제인지는 모르겠지만 집에 무사히 돌아오셨어요. 우리집은 큰 화 없이 무사히 지나갔지만, 어린 오빠에 대한 안쓰러운 마음이 남아 있어요.

그리고 이게 진짜 실제였는지 모르겠지만, 아마 큰댁에 갈 때 본 것 같아요. 뒤집어져 있는 차를 봤어요. 길거리가 막 파헤쳐져 있었어요. 사람들이 많이 죽었다는 이야기를 여기저기서 들었기 때문에 우리가 가면서 혹시 죽게 되는 건 아닐까 하는 생각이 들었어요.

가장 기억에 남는 것 중에 하나는 제가 엄청 좋아했던 튀김장수 할머니예요. 학교에서 우리집으로 들어오는 골목에 튀김 가마를 연탄 위에 올려서 튀겨주시는 할머니가 계셨어요. 가게가 있는 게 아니라 골목 한쪽에서 튀김을 만들어 파셨는데, 딱 한 가지, 잡채튀김만 하셨어요. 근데 그게 너무 맛있어서 어릴 때 돈만 생기면 팬티 입고 슬리퍼만 신은 채로 할머니한테 달려가서 튀김을 사먹었어요. 근데 나중에 모든 일이 끝나고 나서 그 할머니가 사라지셨어요. 언젠가 어른들이 이야기하시는 걸 들었어요. 그분이 아마 돌아가신 것 같다고. 그 이후에 사라지셨다고 하시더라고요. 아들이 아마 노름을 했다던가, 하튼 몸이 성치 않은 아들이 하나 있었다고 들었는데 그 아들이 그때 어디를 나갔는데, 그 아들을 찾으러 나가셨다가 둘 다 돌아오지 않았다는 이야기였어요. 마음이 안 좋았어요. 저한테 특별히 친절한 분은 아니셨지만 맛있는 튀김을 늘 해주셨고 눈에 항상 익었던 분이었기 때문에. 그런 분이 돌아오지 않고 어디신가 돌아가셨을 거라는 이야기가 무섭기도 했고 충격적이기도 했어요. 그뒤로 그렇게 맛있는 튀김은 먹어본 적이 없어서 몇 번이나 그 할머니 생각을 했어요.

모든 일이 끝나고 일상이 복구된 것처럼 보였어요. 다시 학교를 다녔는데, 막연하게 길거리가 깨끗해졌다? 뭔가 좀 달라졌다?는 생각이 들었어요. 그전에는 넝마주의를 하는 분들이 꽤 많이 있었는데…… 모르겠어요. 어른들 이야기를 듣고 제가 그런 생각을 하게 된 건지. 어쨌든 그런 분들을 통 보지 못했어요. 눈에 익은 분들도 있었고, 가끔은 무서워하기도 했거든요. 그런 사람들이 어린애를 납치해간다는 이야기도 많았기 때문에요. '언제부터 그분들이 사라졌지?'라는 생각을 해보니까 제 기억 속에서는 그때 이후가 아닌가 해요.

어쨌거나 그때 이후로는 내가 살던 길의 느낌이나 삶의 느낌이 달라졌어요. 세상이 나를 공격할 수도 있고, 내가 알고 있는 것들이 사라질 수도 있다는 걸 막연하게나마 알게 되었던 것 같아요.

김동훈

(1980년, 11세)

초등학교 5학년이었어요. 사람들이 잔뜩 차를 타고 다니면서 구호를 외쳤는데, 그 구호들이 생각나요. "전두환, 물러가라!" "김대중, 석방하라!" 그 사람들이 지나가면 어른들이 박수도 쳐주고 먹을 것도 주고 그랬어요. 저는 그때 전두환이나 김대중이 누군지도 몰랐어요. 사람들이 왜 그러는지도 몰랐고요.

트럭에 탄 총 든 시민군들도 봤고, 전경 모자를 쓴 사람들도 봤어요. 그분들이 차를 타고 지나가면 시민들이 빵이나 음료수 같은 걸 줬고요. 그때 전대 후문 쪽에 살았는데, 새벽 3시경 정도에 시민군들이 자다가 추우니까 우리집으로 들어왔어요. 새벽 3시에 문을 두드리더라고요. 그래서 우리 아버지가 문 열어주고 이불도 꺼내주고 그랬어요. 다음날 제가 동생이랑 같이 나가봤더니 시민군들이 슈퍼에서 받았던 빵이랑 우유 같은 게 널려 있더라고요. 그래서 저랑 동생이랑 신나서 보자기 같은 데 싸와서 먹었어요. 가야당약국이라고 상호도 기억이 나는데, 그 약국이 보수공사를 하고 있었어요. 간밤에 우리집에 오셨던 분들이 거기 계셨던 모양이에요. 1층 콘크리트 바닥이 추워서 우리집으로 들어오셨던 것 같아요. 밤에 총을 쏘면 그 궤적이 보이곤 했고요. 나중에 군대 가서 알았는데 밤에 총을 쏘면 총알이 어디로 갔는지 알 수가 없으니까 그런 야광탄을 쓰더라고요. 그때 아빠랑 옥상에서 고개만 내밀고 야광탄이 날아다니는 걸 보곤 했어요. 기관총 같은 걸 쏘면 하늘에서 막 반짝거렸어요.

우리 동네에 최미현이라고 나를 엄청 귀여워해주시던 분이 계셨어요. 남편은 인성고 교사였고, 그때 미현이 누나가 스물일곱인가 여덟인가 됐었는데 임신중이었어요. 남편을 기다린다고 밖에 나갔다가 총에 맞아서 죽어버렸어요. 그때 손수레에 누나를 실어서 집안으로 들어오고 식구들이 울고불고 하던 기억이 생생해요. 나중에 5·18 묘역에 가니까 미현이 누나 묘가 있더라고요. 개인적으로는 그게 가장 기억에 남아요. 생생하죠. 정치적인 식견이 있는 나이는 아니어도 그 정도 사리 판단은 되는 나이니까요.

〈도와주세요!〉, 30×45cm, 피그먼트 프린트, 2015

차정섭

(1980년, 9세)

그즈음에 롯데백화점 로터리에 살았는데, 대성초등학교 2학년이었어요. 학교에 갔는데 휴교령이 내려져서 집에 되돌아오는데, 군인들이 골목골목마다 서 있었어요.

시민군들이랑 군인들의 총격전을 직접 목격했어요. 집밖에 못 나가니까 옥상에 올라가서 내다봤어요. 그때 우리집 2층에 옥상이 있었거든요. 총소리가 나니까 궁금했어요. 어렸으니까 무섭기도 하면서 신기하기도 했어요. 그때는 공용 시외버스 터미널이 롯데백화점, 광주은행 자리였어요. 장흥이나 완도 같은 지방으로 가는 버스는 다 거기서 탔어요. 서울 같은 곳을 가는 고속버스 터미널은 지금 현대백화점 쪽이었고요. 그때 버스들까지 다 차단됐었어요. 외부로 가는 모든 버스들이 여기 차고지에 묶여 있었어요.

그때 시민군들은 탕, 탕 하고 한 발씩 나가는 칼빈총을 가지고 있었고, 군인들은 다다다닥 하고 나가는 기관총을 가지고 있었어요. 나중에 군대에 가서 알았죠. 그 총기로는 상대가 안 된다는 걸.

그때는 전쟁 같았어요. 죽어 있는 시체들도 봤고 끌려가는 사람들도 봤어요. 사람들을 때리고 잡아가는 것도 보고, 묶어놓은 것도 봤어요. 도망가지 못하도록 사람들 옷을 다 벗겼어요. 팬티만 입고 신발까지 다 벗겼어요. 사람들이 줄줄이 굴비 엮듯이 엮여 있었어요. 그리고 죽은 사람들은 길 한쪽에 덮어놨고요.

헬기에서 총도 쐈어요. 밤에 총소리도 엄청나게 났어요. 총알이 솜이불은 못 뚫는다고 해서 솜이불을 덮고 잤어요. 5월이라 춥지도 않았는데. 그리고 우리 삼촌이 고등학생이었는데 다락에 숨어 있었어요. 왜냐면 젊은 남자들은 다 잡아간다고 했거든요.

새벽에는 여자 시민군이 마이크로 방송을 했어요. 가냘픈 소리로 모이자고 했어요. 도청에서 모이자고요. 오늘밤에 누군가 들어온다고도 했어요. 애들이라고 기억 못 할 거라고 생각하지만 생생하게 기억나요.

78

배충환

(1980년, 12세)

초등학교 5학년이었어요. 우리집은 방림동 버스 종점 부근이었어요. 시민군들이 총 들고 왔다갔다하는 걸 구경하고, 어린 마음에 그 차를 따라다니기도 했어요. 엄마가 집밖에 못 나가게 하셨는데 낮에 몰래 잠깐잠깐 나갔어요. 시민군들이 총을 들고 다녀도 무섭거나 그러진 않았어요. 신기했죠. 그래서 다가가서 총도 만져보고 그랬어요.

그때 슈퍼를 시민군들에게 다 개방을 했었어요. 슈퍼 주인들이 문을 완전히 다 열어놨었 어요.

총소리도 상당히 많이 들었어요. 밤에 창밖으로 총알이 날아다니는 불빛을 내다보다가 엄마한테 혼나기도 했고요. 엄마가 커튼 치고, 그 위를 이불로 덮고 그랬던 게 기억나요.

〈방탄솜이불〉, 30×45cm, 피그먼트 프린트, 2015

임재환

(1980년, 12세)

초등학교 5학년이었고 봉선동에 살았어요. 그때는 봉선동에 산이랑 논이 많았어요. 어느 날 보니 사람들이 짐을 싸서 피난 가듯이 가더라고요. 그래서 '뭐지? 전쟁이라도 난 건가?' 했어요.

양림동하고 봉선동 사이에 철길이 있었는데, 군인들이 구덩이를 파고 몸을 숨기고 총을 들고 있었어요. 마냥 신기하더라고요. 사직공원 쪽으로 올라갔는데 파출소가 텅 비어 있었어요. 호기심에 들어가서 탄피를 주워 나왔는데 헬리콥터 소리가 났어요. 갑자기 헬기에서 적십자병원 앞으로 총을 쏘더라고요. 적십자병원 위에 총을 든 아저씨들이 있었거든요. 저도 바로 그 근처에 있었는데 하늘에서 막 총을 쏘니까 적십자병원 옆에 있는 남도극장 골목으로 도망쳤어요. 길에 있던 아저씨들이랑 다 같이 도망쳤죠. 문이 열려 있는 가정집으로 무작정 뛰어들어가서 숨었어요. 한참 숨어 있다가 잠잠해지니까 몰래 나와서 천변을 따라 쭉 봉선동 집까지 걸어왔어요.

날짜 같은 건 기억을 잘 못하잖아요. 뭐 그다음날인가 집에서 나와서 도청으로 나갔는데 사람들이 엄청 많이 모였더라고요. 버스들이랑 택시도 엄청 모였고요. 저는 전남방직 근처까지 올라갔어요. 유리창 깨진 버스가 지나가면 아줌마들이 김밥이랑 빵, 우유 같은 걸 버스에 올려줬어요. 버스에서 노래도 부르고 먹을 것도 많기에, 제가 살짝 그 버스에 올라탔어요. 그런데 제가 너무 어리니까 형들이 2~3분 정도 가다가 저를 내려주더라고요. 빵 두 개랑 우유를 주고 저를 내려주고 갔어요. 그거 받아들고 또 하천가 따라서 집으로 왔어요. 적십자병원쯤 오니까 사람들이 다쳐서 엄청 많이 있더라고요.

밤에는 총소리가 엄청 났어요. 콩 볶는 소리처럼. 총소리가 나니까 엄마가 이불로 창문을 다 가렸어요. 그때는 이유를 몰랐어요. 하여튼 엄마는 밖에도 못 나가게 하셨어요. 그래도 부잡해서 몰래 나갔죠. 지금 생각해보면 안 죽은 것만 해도 천만다행이에요.

한번은 동네 형들이랑 도청에서 하는 시위를 구경하러 갔는데 엄청 매운 최루탄을 쏘고 진압을 하니까 거기 모인 사람들이 다 흩어져서 도망쳤어요. 그러다보니 저도 형들이랑 헤어져서 혼자 산수동 오거리까지 가게 됐어요. 거기에서 난생처음 장갑차를 봤어요. 군인들도 봤고요. 사실 그때는 시민군들이랑 군인들도 구별 못 했어요. 그저 군복을 입은 사람들과 안 입은 사람들로 구분했죠. 초등학생이었으니까 상황은 전혀 모르고 그저 평소에 못 보던 것들을 보니까 신기해서 매일 밖에 나갔던 것 같아요.

최환석

(1980년, 12세)

아빠랑 전대병원 길 건너에 있는 목욕탕에 다녔어요. 그날도 목욕탕에 가려고 전대병원 앞으로 갔는데 거기 육공트럭이 있었어요. 보닛 위에 타이어를 올려놓고 그 위에 기관총을 고정해놓은 육공트럭이요.

우리집은 당시 5번 시내버스 종점이었어요. 버스들이 차고지에 서 있었는데 거기에 페인트로 '전두환, 찢어 죽이자'라고 빨간 글씨로 쓰여 있었어요. 표현이 섬뜩해서 좀 무서웠어요. 밤에 총소리도 들리고 했으니까.

시민군들이 차를 타고 오면 아주머니들이 차에 먹을 걸 올려줬어요. 아이들이 그 차를 막 쫓아가면서 먹을 걸 달라고 하면, 시민군들이 빵이랑 음료수도 나눠주고 그랬어요. 저도 뭣 모르고 따라다니나 음료수를 줘서 받았는데 사이다 병이 깨져 있지 뭐예요. 그래서 못 먹었던 게 기억나요.

또 웅성웅성하는 소리가 나고 사람들이 모여 있어서 가보니까 수레 위에 있었는지, 땅 바닥에 있었는지는 기억이 정확하지 않지만 사람이 거적에 덮어져 있는 걸 봤어요. 내용을 정확히 보진 못했는데 사람들 말로는 시체라고 했어요. 무서웠죠.

5월 17일(토요일, 맑음)

21시 40분   비상군무회의, 비상계엄 전국 확대 의결.

23시 00분   민주 인사, 복적생, 학생운동 지도부를 미리 잡아 가둠.

24시 00분   비상계엄 전국 확대.

　　　　　　광주 시내 각 대학에 계엄군 진주 및 학생 연행.

5월 18일(일요일, 맑음)

9시 40분   계엄군에 의해 전남대생 50여 명이 교문 앞에서 등교를 저지당함.

10시 00분   학생들이 "계엄 해제하라!" "휴교령 철폐하라!"는 구호를 외치며 항의 시위.

10시 15분   곤봉을 휘두르는 공수부대원들의 진압으로 학생들이 피를 흘리고 쓰러짐.

10시 20분   "금남로로 가자!"는 구호와 함께 학생들이 금남로로 이동하기 시작.

15시 40분   유동 3거리에 공수부대가 등장하면서 진압작전 감행.

19시 02분   계엄사령부, 광주 지방 통행금지 시간이 저녁 9시로 앞당겨졌다고 발표.

5월 19일(월요일, 오후부터 비)

3시 00분   증파된 11여단 병력, 광주역 도착.

9시 30분   시민들이 계엄군의 무자비한 탄압에 맞서 임동, 누문동 파출소 방화.

10시 00분   시민들 수가 점차 불어나면서 금남로에서 공수부대원들과 투석전 전개.

14시 40분   조선대로 철수했던 공수부대가 다시 투입되어 무리한 진압작전 전개.

15시 00분   시내 기관장 및 유지들, 회의를 갖고 시위 진압을 완화하도록 건의.

16시 30분   계림파출소 근처에서 조대부고생 김영찬이 계엄군의 총에 의해 부상.

            최초 희생자 발생(김경철).

20시 00분   수만 명의 시민들이 "전두환 타도" 외침.

5월 20일(화요일, 오전에 약간의 비)

8시 00분   고등학교 휴교 조치.

10시 20분   가톨릭센터 앞에서 남녀 30여 명이 속옷만 입은 채 심하게 구타당함.

            공수부대와 시민 간의 공방전 계속.

18시 40분   금남로에서 200여 대의 택시가 전조등을 켜고 경적을 울리며 차량 시위.

20시 10분   시민들이 도청을 향해 금남로, 충장로, 노동청 방면에서 공수부대, 경찰과 대치.

21시 05분   노동청 쪽에서 시위대 버스가 경찰 저지선으로 돌진하여 경찰 4명 사망.

21시 50분   광주 MBC 건물 방화.

23시 00분   광주역 광장에서 계엄군의 발포로 시민 2명 사망.

5월 21일(수요일, 맑음)

0시 35분   노동청 방면에서 군중 2만여 명이 계엄군과 공방전 전개.

2시 18분   시외전화 두절.

4시 00분   시민들이 광주역 광장에서 시체 2구를 리어카에 싣고 금남로에 등장.

4시 30분   광주 KBS 건물 방화.

8시 00분   시위대, 광주공업단지 입구에서 20사단 병력과 충돌.

10시 15분   실탄을 지급받은 공수부대원 맨 앞으로 교체.

10시 19분   광주세무서 건물 전소.

11시 10분   대형 헬기, 도청 광장에 도착.

12시 59분   아시아자동차 공장에서 몰고 온 장갑차 1대 도청 광장으로 기습 진출.

13시 00분   도청 스피커에서 애국가 울려퍼지면서 공수부대 일제히 사격 시작.

13시 20분   시민들이 금남로에서 공수부대의 집중사격을 받고 계속 쓰러짐.

14시 15분   도지사, 경찰 헬기에서 시위 해산 종용하는 설득 방송.

14시 35분   시민들이 아시아자동차 공장에서 군용트럭, 장갑차 수십 대 획득.

14시 40분   시민들이 지원동의 탄약고에서 TNT 입수.

15시 48분   공수부대원들이 주요 빌딩 옥상에서 시위대를 향해 조준사격.

16시 00분   화순, 나주 지역에서 무기 획득한 시위대들이 도청 앞에서 시가전 전개.

16시 43분   학생들, 전남대병원 옥상에 기관총(LMG) 2대 설치.

17시 30분   공수부대, 도청에서 조선대학교로 철수.

5월 22일 (목요일, 맑음)

9시 00분   도청 광장과 금남로에 시민들 집결.

10시 30분   군용 헬기 공중선회하며 "폭도들에게 알린다!"는 내용의 전단 살포.

11시 25분   적십자병원 헌혈차와 시위대 지프가 돌아다니며 헌혈 호소.

12시 00분   도청 옥상의 태극기가 검은 리본과 함께 반기 게양.

13시 30분   시민수습위 대표 8명이 상무대 계엄분소 방문, 7개 항의 수습안 전달.

15시 58분   시체 18구를 도청 광장에 안치한 채 시민대회 개최.

17시 18분   수습위 대표, 상무대 방문 결과 보고.

17시 40분   도청 광장에 시체 23구 도착.

21시 30분   박충훈 국무총리서리, "광주는 치안 부재 상태"라고 방송.

5월 23일 (금요일, 맑고 한때 흐림)

8시 00분   학생들, 시민들에게 청소 협조 요청.

10시 00분   시민 5만여 명이 도청 광장에서 집회.

10시 15분   학생수습위 자체 특공대 조직하여 총기 회수 작업 시작.

11시 45분   도청과 광장 주변에 사망자 명단과 인상착의 벽보 게시.

13시 00분   지원동 주남마을 앞에서 공수부대가 소형 버스에 총격, 17명 사망.

15시 00분   도청 앞 광장에서 제1차 범시민 궐기대회 개최.

                계엄사의 '경고문' 전단이 시내 전역에 살포.

19시 40분   최초 석방자 33명 도청 광장에 도착.

5월 24일(토요일, 오후에 비)

13시 20분   공수부대, 원제마을 저수지에서 수영하던 소년들에게 사격.

14시 20분   송암동에서 공수부대와 전교사부대 간의 오인 총격전 발생.

14시 50분   도청 앞 광장에서 제2차 민주수호 범시민 궐기대회 개최.

5월 25일(일요일, 비)

11시 00분   김수환 추기경의 메시지와 광주항쟁 구호대책비 1,000만 원 전달.

15시 00분   도청 앞 광장에서 제3차 민주수호 범시민 궐기대회 개최.

17시 00분   재야 민주 인사들, 김성용 신부의 4개 항 수습안에 대해 만장일치 채택.

21시 10분   학생수습대책위원들, 범죄 발생 예방과 식량 공급 청소 문제 등 논의.

5월 26일(월요일, 아침에 한때 비)

5시 20분   계엄군, 화정동 쪽에서 농촌진흥원 앞까지 진출.

8시 00분   시민수습대책위원들, 계엄군의 시내 진입 저지를 위해 죽음의 행진을 감행.

10시 00분   도청 앞 광장에서 제4차 민주수호 범시민 궐기대회 개최.

14시 00분   학생수습위원회, 광주시장에게 생필품 보급 등 8개 항 요구.

15시 00분   도청 앞 광장에서 제5차 민주수호 범시민 궐기대회 개최.

17시 00분   학생수습위원회 대변인 외신 기자들에게 광주 상황 브리핑.

19시 10분   시민군, "계엄군이 오늘밤 침공할 가능성 크다"고 공식 발표,

                어린 학생과 여자들을 귀가 조치시킴.

24시 00분   시내전화 일제히 두절.

5월 27일(화요일, 맑음)

3시 00분   탱크를 앞세운 계엄군 시내로 진입하기 시작. "계엄군이 쳐들어옵니다. 시민 여러분, 우

                리를 도와주십시오!"라는 여성의 애절한 시내 가두방송.

4시 00분   도청 주변 완전 포위, 금남로에서 시가전 전개.

4시 10분   계엄군 특공대, 도청 안에 있던 시민군들에게 사격.

5시 10분   계엄군, 도청을 비롯한 시내 전역 장악하고 진압작전 종료.

6시 00분   계엄군, 시민들에게 거리로 나오지 말라고 선무방송.

7시 00분   공수부대, 20사단 병력에 도청 인계.

8시 50분   시내전화 통화 재개.

골목, 기억의 틈을 메우는 목소리

송수정(독립큐레이터)

전주에 살 때였는데 전동성당 지하에 가면 광주에서 목숨을 잃은 이들의 사진을 볼 수 있다는 소문이 돌았다. 내 또래 어린아이들의 입을 타고 다니는 그 소문은 죽음이라든지 시체 같은 몹시 날것의 표현들로 뒤섞였다. 그 말들을 꺼낼 때는 모두가 소리마저 낮췄고, 그 낮은 소리는 죽음에 대한 호기심이 아니라 공포에 가까웠다. 그들이 왜 죽었는지 궁금해하다가는 똑같이 죽음을 당할 것 같은 두려움이었다. 소문의 내용이 너무 끔찍해서 사실이 아니라 그냥 괴담으로 들리기도 했다. 결국은 그때 그곳에 가보지 못했다. 너무 뻔한 거짓말 같아서 가볼 필요도 없다고 혼자 둘러댔는데 자라면서 곰곰 생각해보니 그냥 무서웠던 것 같다. 어른들은 애써 아이들의 수군거림에 무심했다. 말을 하는 것 자체가 불온한 시대였다.

다시 시간이 흐르고 그 사진들이 지하를 나와서 성당 외벽에 걸렸다. 1980년대 후반쯤으로 짐작하는데, 가톨릭 광주대교구에서 5월의 진상을 사진으로 알리는 때였을 것이다. 사진들을 자세히 들여다봤는지는 가물가물하다. 여전히 떠오르는 잔상이 그날의 것인지, 머리가 굵어지면서 학습된 것인지도 어렴풋하다. 분명한 것은 광주의 그날이 이웃 도시 전주에 사는 어린 나에게까지도 어떤 기억을 선물했다는 사실이다. 그 기억은 지금까지도 망설임, 두려움, 비겁함 같은 수식을 동반한다. 이런 사적 경험이 광주를 기억하고 기념하는 데 아무런 영향을 미치지 못한다 할지라도 우리 모두는 하나의 사건에서 자유로울 수 없다. 훗날 적이 놀란 것은 광주의 학살이 진짜라는 사실이었고, 그럴수록 아이도 어른도 모두 비겁하도록 길들여졌다는 게 억울했다. 누구도 그 일이 있기 전과 후가 같을 수 없었다.

그럼에도 불구하고 우리는 저마다의 기억과 경험에 귀기울이지 않는다. 같은 시대를 통과했음에도 불구하고 나는 여전히 그 사실을 풍문으로만 귀동냥한 타자일 뿐이며, 타자의 경험을 사건 당사자들이 겪은 생생함의 밀도에 감히 견줄 수는 없는 노릇이다. 가치와 무게가 깊은 경험, 때로는 그에 비례한다고 생각하는 목소리의 크기가 큰 틀의 역사를 만들어낸다. 1988년 광주 청문회에 이어 1996년 5·18특별법 제정으로 광주는 민주화운동이라는 공인된 역사를 갖기 시작했다.

그러나 공인된 역사는 때로 봉인된 역사가 되기도 한다. 빨갱이와 간첩들이 일으킨 폭동에서 선한 시민들의 민주화운동으로 5월의 광주는 명예를 회복했고, 그 순간부터 어렵게 얻어낸 공인된 역사를 지켜내기 위한 기념화 또한 자연스럽게 시작되었다. 기념화란 사라지는 기억을 붙들어두기 위한 공식화된 표상 과정이다. 굵직한 사건의 일지, 중요한 문서 자료, 그날을 기록한 사진들이 이 기념을 위해 추려졌다. 이렇게 대표성을 띤 보편의 역사는 때로 개별적이고 세밀한 기억들을 밀어내거나 망각시키기도 한다. 그러나 공인된 역사 속에 들어가지 못하는 개별적 기억이라고 해서 가치가 없는 것은 아니다. "한 사람의 꿈은 모든 사람의 사건이자 일부"라는 보르헤스의 말은 5·18광주민주화운동의 그늘에서 자유로울 수 없는 우리 모두를 대변한다. 그 낱낱의 경험과 기억이야말로 공인된 역사가 놓쳐버린 틈을 메우는 단서들이기도 하다.

그런데 아무리 이들 단서가 기억의 공백을 메운다 하더라도, 그것을 사진으로 재현하는 일이 가능키는 한 걸까. 문선희의 작업은 여기에서 시작한다. 문선희는 5·18광주민주화운동 당시 초등학생이었던 사십대를 인터뷰하고 그들이 일상처럼 배회하던 골목을 사진으로 기록한다. 그의 작업에서 사람과 장소는 둘 다 동일한 사건의 목격자다. 다만 이 목격자의 성격이 신빙성을 주기에 약할 뿐이다. 사건 당시 객관적인 판단력을 갖추지 못한 초등학생과 주요 사건 현장이 아닌 동네 길목. 문선희는 온전한 기억의 주체가 될 수 없는 두 대상을 그렇기에 더 주목한다. 이들의 불완전성은 사건을 미화하거나 은폐하는 것이 아니라 오히려 투명하게 그 부조리함을 대변하기 때문이다.

이제는 사십대가 된 당시 초등학생들의 기억 속에서 5·18광주민주화운동은 빵을 나눠 먹는 홍겨움, 폭죽놀이 같은 총소리, 그 총알을 막기 위한 이불, 시신을 실은 수레 등으로 등장한다. 이 성글고 모순된 기억들은 독재를 겨냥한 해방구의 축제이자 전쟁보다 더한 폭력에 휩싸인 5월 광주를 훨씬 정직하게 보여준다. 인터뷰 내용이 혼돈 속에서도 예리하게 그 날을 되새기는 기억의 목소리라면, 중립의 시선으로 잡아낸 골목의 사진들은 침묵 속에서도 불현듯 그날의 소리를 되새기게 하는 기억의 터전이다. 녹이 슨 창틀이나 날짜를 확인할 길 없는 낙서가 새겨진 담벼락은 흔적을 통해서만 기억을 알 수 있다는 역사학자 피에르 노라의 말을 떠올리게 만든다. 그렇게 유년의 모서리를 돌다보면 그곳에 봉인된 역사가 빠뜨린 혹은 잊어버린 또다른 그날의 모습과 불현듯 마주한다.

묻고,
묻지 못한 이야기

ⓒ 문선희 2016

초판 1쇄 인쇄	2016년 5월 1일
초판 1쇄 발행	2016년 5월 18일
지은이	문선희
펴낸이	염현숙
편집인	김민정
디자인	한혜진
마케팅	정민호 나해진 박보람 이동엽
온라인마케팅	김희숙 김상만 이천희
제작	강신은 김동욱 임현식
제작처	영신사
펴낸곳	(주)문학동네
임프린트	난다
출판등록	1993년 10월 22일 제406-2003-000045호
주소	10881 경기도 파주시 회동길 210
전자우편	blackinana@hanmail.net 트위터 : @blackinana
문의전화	031-955-2656(편집) 031-955-8890(마케팅) 031-955-8855(팩스)
문학동네카페	http://cafe.naver.com/mhdn
ISBN	978-89-546-4065-7 03300

난다는 출판그룹 문학동네 임프린트입니다. 이 책의 판권은 지은이와 난다에 있습니다.
이 책 내용의 전부 또는 일부를 재사용하려면 반드시 양측의 서면 동의를 받아야 합니다.
이 도서의 국립중앙도서관 출판시도서목록(CIP)은
e-CIP 홈페이지(http://www.nl.go.kr/cip.php)에서 이용하실 수 있습니다.
(CIP 제어번호 : CIP 2016010807)

www.munhak.com